M. Böck

Arbeitsbuch Deutsch B1/B2 in der Pflege

Melanie Böck

Arbeitsbuch Deutsch B1/B2 in der Pflege

1. Auflage

ELSEVIER

Elsevier GmbH, Bernhard-Wicki-Str. 5, 80636 München, Deutschland
Wir freuen uns über Ihr Feedback und Ihre Anregungen an kundendienst@elsevier.com

ISBN 978-3-437-25103-0
eISBN 978-3-437-05596-6

Wichtiger Hinweis
Die medizinischen Wissenschaften unterliegen einem sehr schnellen Wissenszuwachs. Der stetige Wandel von Methoden, Wirkstoffen und Erkenntnissen ist allen an diesem Werk Beteiligten bewusst. Sowohl der Verlag als auch die Autorinnen und Autoren und alle, die an der Entstehung dieses Werkes beteiligt waren, haben große Sorgfalt darauf verwandt, dass die Angaben zu Methoden, Anweisungen, Produkten, Anwendungen oder Konzepten dem aktuellen Wissensstand zum Zeitpunkt der Fertigstellung des Werkes entsprechen.
Der Verlag kann jedoch keine Gewähr für Angaben zu Dosierung und Applikationsformen übernehmen. Es sollte stets eine unabhängige und sorgfältige Überprüfung von Diagnosen und Arzneimitteldosierungen sowie möglicher Kontraindikationen erfolgen. Jede Dosierung oder Applikation liegt in der Verantwortung der Anwenderin oder des Anwenders. Die Elsevier GmbH, die Autorinnen und Autoren und alle, die an der Entstehung des Werkes mitgewirkt haben, können keinerlei Haftung in Bezug auf jegliche Verletzung und/oder Schäden an Personen oder Eigentum, im Rahmen von Produkthaftung, Fahrlässigkeit oder anderweitig übernehmen.

Für die Vollständigkeit und Auswahl der aufgeführten Medikamente übernimmt der Verlag keine Gewähr.
Geschützte Warennamen (Warenzeichen) werden in der Regel besonders kenntlich gemacht (®). Aus dem Fehlen eines solchen Hinweises kann jedoch nicht automatisch geschlossen werden, dass es sich um einen freien Warennamen handelt.

Bibliografische Information der Deutschen Nationalbibliothek
Die Deutsche Nationalbibliothek verzeichnet diese Publikation in der Deutschen Nationalbibliografie; detaillierte bibliografische Daten sind im Internet über https://www.dnb.de abrufbar.

25 26 27 28 5 4 3 2

In ihren Veröffentlichungen verfolgt die Elsevier GmbH das Ziel, genderneutrale Formulierungen für Personengruppen zu verwenden. Um jedoch den Textfluss nicht zu stören sowie die gestalterische Freiheit nicht einzuschränken, wurden bisweilen Kompromisse eingegangen. Selbstverständlich sind **immer alle Geschlechter** gemeint.

Planung: Regina Pappers, München
Mitautor der zugrundeliegenden Arbeitsblätter zur Vorauflage des Lehrbuchs (1./2. A.): Hans-Heinrich Rohrer, München
Projektmanagement: Martina Gärtner, München
Redaktion: Ulrike Frühwald, Hamburg
Bildrechteklärung: Stefan Schneidhuber, München
Satz: STRAIVE, Puducherry/Indien
Druck und Bindung: Drukarnia Dimograf
Umschlaggestaltung: SpieszDesign, Neu-Ulm
Titelfotografie: Hauptbild © Rawpixel.com – stock; adobe.com / Hand © goodluz- stock.adobe.com

Aktuelle Informationen finden Sie im Internet unter www.elsevier.de

Vorwort

Das Arbeitsbuch zu *Deutsch B1/B2 für die Pflege* dient besonders in Kombination mit dem Referenzwerk zur Wiederholung, Vertiefung und Erweiterung des Gelernten sowie zur Vorbereitung auf die Sprachprüfung. Es eignet sich aber auch ohne Referenzwerk als Übungsbuch für Deutschlerner in Pflegeberufen. Durch eine Vielfalt an Übungstypologien, geordnet nach Themen, wird gelernter Wortschatz vertieft und erweitert, grammatische Strukturen werden geübt sowie Redemittel, Textverständnis und das Schreiben von typischen Texten im Alltag der Pflege trainiert. Die Lösungen im Buch bieten dabei eine schnelle eigenständige Kontrolle der gemachten Übungen.

Melanie Böck

Juni 2023

Benutzerhinweise

In diesem Arbeitsbuch sind alle Übungen der Arbeitsblätter aus dem Online-Bereich des „Deutsch B1/B2 für die Pflege" – Lehrbuchs vorhanden - und dazu noch weitere EXTRA-Übungen.

Diese Piktogramme im Buch weisen auf Dateien im Online-Bereich hin:
HV Dieses Symbol neben einer Aufgabe verweist auf eine Audio-Hörversion als mp3.
HT Dieses Symbol verweist auf ein Hörtext-Transkript.
Film Dieser Hinweis verweist auf ein Video als mp4.

So finden Sie die Online-Inhalte*
Sie haben ein **gedrucktes Buch:**
Rubbeln Sie den Code auf der Innenseite des Buchumschlags frei.
Gehen Sie auf www.plus-im-web.de
Registrieren Sie sich mit dem freigerubbelten PIN-Code (detaillierte Anweisungen auf der Umschlaginnenseite).
Sie haben ein **eBook:**
Öffnen Sie www.plus-im-web.de
Registrieren Sie sich für einen neuen Benutzer-Account oder loggen Sie sich mit Ihrem bereits existierenden Konto ein.
Öffnen Sie nun www.plus-im-web.de/pin-help
Geben Sie in das entsprechende Textfeld die ISBN 978-3-437-25103-0 ein und klicken Sie auf "Abschicken".
Ihre Anfrage wird durch unseren Kundendienst werktags binnen 24 Std. geprüft. Sie werden per E-Mail über die Freischaltung benachrichtigt.
*Angebot freibleibend

Fehler gefunden?

An unsere Inhalte haben wir sehr hohe Ansprüche. Trotz aller Sorgfalt kann es jedoch passieren, dass sich ein Fehler einschleicht oder fachlich-inhaltliche Aktualisierungen notwendig geworden sind.
Sobald ein relevanter Fehler entdeckt wird, stellen wir eine Korrektur zur Verfügung. Mit diesem QR-Code gelingt der schnelle Zugriff.

https://else4.de/978-3-437-25103-0

Wir sind dankbar für jeden Hinweis, der uns hilft, dieses Werk zu verbessern. Bitte richten Sie Ihre Anregungen, Lob und Kritik an folgende E-Mail-Adresse: kundendienst@elsevier.com

Inhaltsverzeichnis

Aufgaben

Aufgaben

Ankommen in Deutschland

1. Relativpronomen mit Präpositionen oder dem Relativpronomen *wo*.

Setzen Sie das richtige Relativpronomen ein. Markieren Sie dazu zuerst im Hauptsatz das Bezugswort und im Relativsatz das Verb / die Präposition.

1. In dem Stadtviertel, in ________/________ ich wohne, gibt es leider keine U-Bahn-Haltestelle. Aber es gibt viele schöne Seen, an ________ man fahren und in ________ man baden kann.
2. Ich suche dringend eine Wohnung, ________ in der Nähe der Klinik liegt, weil ich kein Auto habe.
3. Kennst du eine Fahrschule, bei ________ ich die Fahrprüfung auf Rumänisch machen kann?
4. Kann mir jemand eine App empfehlen, mit ________ ich Fachwortschatz lernen kann?
5. Ich habe einen Biergarten entdeckt, ________ man wunderschön am Flussufer sitzen kann.
6. Der Zahnarzt, ________ du mir empfohlen hast, ist wirklich sehr gut.
7. Viele Kollegen, mit ________ ich zusammenarbeite, kommen aus einem anderen Land.

2. Das Relativpronomen *was*.

Das Relativpronomen *was* steht auch für einen ganzen Satz:
Juan sucht eine günstige Wohnung in der Innenstadt, **was** wirklich nicht einfach ist.

Worauf bezieht sich der Relativsatz, auf ein Indefinitpronomen oder einen ganzen Satz? Unterstreichen Sie.

1. Ich hatte heute den ganzen Tag Deutschkurs, **was** ich ziemlich anstrengend fand.
2. Ich zeige und erkläre dir gern alles, was wir heute im Kurs gemacht haben.
3. In Deutschland sind die Geschäfte sonntags geschlossen, was mich anfangs irritiert hat.
4. Vieles, was ich bis jetzt in Deutschland erlebt habe, war positiv.

3. Vorurteile – kulturelle Erfahrungen – interkulturelle Missverständnisse.

Man behauptet, dass die Deutschen viel Bier trinken, dass sie fleißig und immer pünktlich sind. Welche Vorurteile über Deutsche kennen Sie? Welche Erfahrungen und Beobachtungen haben Sie bisher gemacht?
Schreiben Sie und sprechen Sie im Kurs.

- Man hört, liest, erzählt immer, dass ____
____
- Ich habe (aber) die Erfahrung gemacht, dass ____
____
- Ich habe (aber) beobachtet, dass ____
____
- Ich finde es ungewöhnlich, dass/wenn ____
____

4. Erfahrungen berichten.

Lesen Sie zuerst den Text.

Meine Freundin, die seit 2 Jahren in Deutschland in einem Stadtkrankenhaus arbeitet, hat mir **erzählt**, dass sie sehr nette Kollegen hat. Sie hat aber auch **berichtet**, dass besonders am Anfang der Arbeitsalltag für sie sehr ungewöhnlich war, denn sie hatte **erwartet**, dass sie genau die gleichen Aufgaben wie in Bosnien hat. Allerdings war das nicht so.
Sie hat auch **gesagt**, dass sie zu Beginn Schwierigkeiten hatte, alles, was man ihr erklärt hat, gleich richtig zu verstehen. Sie hat auch **erwähnt**, dass sie bis heute noch bei Menschen, die einen starken Dialekt sprechen, nicht jedes Wort sofort richtig versteht.

> Erzählt oder berichtet man im Indikativ, was andere Personen erzählt haben, muss man den Konnektor *dass* verwenden. Vgl. auch indirekte Rede in Kapitel 15.

Welche Informationen haben Sie über die Arbeit in Deutschland erhalten? Wie haben Sie davon erfahren? Schreiben Sie sechs Beispiele.

Meine Freundin hat erzählt, dass sie ______

______

______

______

______

______

5. Kulturelle Erfahrungen/Erlebnisse in Deutschland.

Formulieren Sie die Aussage als Nebensatz und vergleichen Sie diese mit Ihren Erfahrungen.

1. Die Menschen in öffentlichen Verkehrsmitteln sprechen kaum oder nur leise miteinander.
   Juan findet **es** seltsam, dass ______
2. Man putzt sich in der Öffentlichkeit die Nase laut.
   Bianca hält **es** für unhöflich, dass ______
3. Die Deutschen melden sich am Telefon mit ihrem Namen.
   Karim findet **es** gut, dass ______
4. Hier isst man auch Süßes zu Mittag.
   Jana findet **es** merkwürdig, dass ______
5. Die Leute spülen im mit Wasser gefüllten Spülbecken das Geschirr ab.
   Alina gefällt **es** nicht, dass ______
6. Neben der Hausklingel stehen die Namen der Hausbewohner.
   Es irritiert Olek, dass ______
7. Man sollte bei einer deutschen Familie nicht nach 22 Uhr anrufen.
   Mirta findet **es** komisch, dass ______
8. Die Geschäfte sind sonntags geschlossen.
   Es überrascht uns, dass ______

6. Das Wörtchen *es* mit verschiedenen Funktionen.

1. Lesen Sie die Beispiele.

Obligatorisch – man muss *es* setzen

es als Pronomen für ein Nomen	Das Fahrrad gehört nicht mir. **Es** gehört meinem Nachbarn. Er hat **es** hier abgestellt.	Subjekt oder Objekt im Satz
es als grammatisches Subjekt ohne Bedeutung	**Es** regnet. **Es** ist zehn Uhr. **Es** klopft. **Es** riecht nach Rauch. **Es** geht mir gut. **Es** gibt ein Problem. **Es** geht um / handelt sich um den Vertrag.	Wetter, Zeit Sinneseindrücke (hören, riechen, schmecken) Thema
es als grammatisches Objekt ohne Bedeutung	Ich habe **es** gut/schön/eilig! Ich meine **es** gut. Ich halte **es** für gut.	→ *es* kann als Objekt nicht auf Position 1 stehen

Fakultativ – man kann *es* setzen

es verweist auf einen Nebensatz	**Es** stört mich / Mich stört **(es)**, dass ich nicht alles verstehe. Er findet **(es)** schade / Schade findet er **(es)**, dass du gehst.	Nebensatz mit Subjektfunktion Nebensatz mit Objektfunktion → *es* kann nicht auf Position 1 stehen

Man muss *es* weglassen

wenn der Nebensatz auf Position 1 steht	Dass ich nicht alles verstehe, stört mich. Dass du gehst, finde ich schade.	→ *es* als Subjekt fällt weg → *es* als Objekt fällt weg

2. Sprechen Sie die Beispiele aus 5, wo möglich, ohne das Wörtchen *es*.

3. Schreiben Sie nun die Beispiele aus 5 mit dem Nebensatz auf Position 1.

Achtung, *es* muss wegfallen, die Verbposition ändert sich!

Ich finde es schrecklich, dass ich nicht alles verstehe Dass ich nicht alles verstehe, finde ich schrecklich.

EXTRA

Fehler erkennen.

Wo fehlt *es*? Ergänzen Sie an der richtigen Stelle.

1. + Hallo Paula, wie geht dir?

   – Danke, mir geht gut. Und dir?

2. + Wie war Ihr erster Arbeitstag?

   – Oh, gut, aber anstrengend. Eine Kollegin war krank und gab viel zu tun. Aber waren alle sehr nett zu mir.

3. + Entschuldigung, Emma, kann ich dich kurz stören? Geht um meinen Urlaub.

   – Tut mir leid, aber ich habe eilig. Können wir morgen darüber sprechen?

4. + Hat mich irritiert, dass du dich am Telefon nicht mit deinem Namen meldest.

   – Entschuldige, aber ist bei uns in Rumänien normal, sich nur mit „Hallo“ zu melden.

5. – Was machst du denn am Wochenende?

   + Ist noch nicht sicher, ob ich in die Berge fahre. Ist davon abhängig, wie das Wetter wird.

   – Ich habe gehört, dass schneien soll.

6. Hat geklingelt. Das ist bestimmt die Post.

7. Oh, ist schon dunkel. Wie spät ist? Ich muss um 17 Uhr meine Tochter abholen.

EXTRA 1

Personal in der Krankenpflege.

Ergänzen Sie.

• Studium • Stationsleitung • Intensivpflege • Kinderpflegefachkräfte • Wohnbereichsleitung • operationstechnischen Assistenten • Hol-und-Bring-Dienst

1. Wer im Operationssaal assistiert, hat eine Ausbildung zum ______________________.
2. Wie heißt eine Person, die einen Wohnbereich in einer Senioreneinrichtung leitet? ______________________.
3. Jemand, der eine Station im Krankenhaus führt, ist ______________________.
4. Personen, die Patienten zu einer Untersuchung oder Laborproben ins Labor bringen, gehören zum ______________________.
5. Um die pflegerische Versorgung von Kindern kümmern sich ______________________.
6. Pflegepersonal, das auf einer Intensivstation arbeitet, hat eine Fachausbildung zur ______________________ absolviert.
7. Wer als Pflegelehrer in einer Fachpflegeschule arbeitet, braucht ein ______________________ der Pflegepädagogik.

1. Sätze mit dem Konnektor *dass* und Infinitivsätze.

Formen Sie den dass-Satz in einen Infinitivsatz um.

1. Ich habe in meiner Ausbildung gelernt, dass ich einem Patienten Blut abnehme.

____

2. Ich finde es sehr gut, dass ich einen Mentor als Ansprechpartner habe.

____

3. Ich muss mich erst einmal daran gewöhnen, dass ich keine Infusion anlegen darf.

____

4. Meine Stationsleitung hat mir geraten, dass ich immer sofort nachfrage, wenn ich etwas nicht genau verstehe.

____

5. Ich bereue nicht, dass ich meine Heimat verlassen habe.

____

6. Unsere neue Kollegin hat sich vorgenommen, dass sie schnell Deutsch lernt.

____

7. Ein Bewohner hat mich eingeladen, dass ich seinen Geburtstag mit ihm feiere.

____

8. Man hat Angst, dass man wegen Personalmangel eine Station schließen muss.

____

9. Ich hatte noch keine Zeit, dass ich alle Abteilungen in der Klinik kennenlerne.

____

10. Man muss lernen, dass man sich auf neue Tätigkeiten einstellt.

____

11. Du bist sicherlich in der Lage, dass du eine Spritze gibst, aber du darfst es nicht.

____

2. Delegieren in 3 Phasen.

Ordnen Sie von 1 nach 3.

________ Die Pflegefachperson führt die Pflegemaßnahme durch. Dabei erklärt und beschreibt sie, was sie macht. Die neue Pflegekraft sieht dabei zu und stellt gegebenenfalls Fragen.

________ Im nächsten Schritt führt die neue Pflegekraft die Pflegehandlung selbstständig durch. Die Pflegefachperson beaufsichtigt sie dabei und stellt fest, ob die neue Pflegekraft die Handlung zukünftig alleine durchführen kann.

________ Die neue Pflegekraft führt gemeinsam mit der Pflegefachperson eine Pflegemaßnahme durch.

3. *es* + Adjektiv/Partizip II im Hauptsatz und *man* im Nebensatz (Satzergänzung).

Lesen Sie die Beispiele. Formen Sie dann die dass-Sätze in einen Infinitivsatz um.

Es ist wichtig, dass du pünktlich kommst.
Es ist wichtig, dass man pünktlich kommt / pünktlich zu kommen.

1. Es ist verboten, dass man in der Toilette raucht.

____

2. Ist es in deiner Heimat üblich, dass man die Großeltern zu Hause versorgt?

____

3. Zur Grundpflege gehört es, dass man den Patienten beim Waschen unterstützt.

____

4. Es bleibt uns leider oft wenig Zeit, dass wir mit den Patienten sprechen.

____

5. Ist es erlaubt, dass man im Team den Dienst tauscht?

____

6. Es ist möglich, dass man auch ohne Anerkennung in Deutschland arbeitet.

____

Achtung! Es gibt Verben, die nur mit einem *dass*-Satz stehen können, obwohl das Subjekt des NS auch im HS steht. Viele davon haben Sie in Kapitel 1 kennengelernt.

a bei Verben des Sagens, Mitteilens und Denkens

sagen, erzählen, berichten, antworten, mitteilen, informieren, ...
meinen, denken, finden (= meinen), annehmen, vermuten, sicher/richtig/falsch sein, ...

Er erzählt, dass er morgen keine Zeit hat.	**NICHT:** Er erzählt, morgen keine Zeit zu haben.
Ich finde/meine, dass ich zu viele Überstunden mache.	**NICHT:** Ich finde, viele Überstunden zu machen.

ABER:
***finden* + es + Adjektiv**

Wir finden es super, dass wir heute frei haben.	**ODER:**	Wir finden es super, heute frei zu haben.

b bei Verben des Wissens und der Wahrnehmung

beobachten, (be)merken, erkennen, feststellen, entdecken, erfahren
stimmen (es stimmt), wissen, verstehen
hören, sehen, riechen, fühlen, spüren

Ich merke, dass ich müde bin.	**NICHT:** Ich merke, müde zu sein.

4. Warum sollte eine Pflegeperson diese Eigenschaften haben?

Verbinden Sie, was zusammenpasst.

	der GRUND
a Pflegepersonal muss belastbar sein,	1 weil alte Leute und Kranke oft langsamer sind.
b Man darf keine Allergien haben,	2 denn man arbeitet oft mit Chemikalien.
c Pflegefachpersonen brauchen viel Geduld,	3 da es oft Schichtdienst hat.
d Man muss Stress aushalten können,	4 weil sie beruflich weiterkommen wollen.
e Ein Pflegefachmann muss körperlich fit sein,	5 weil er oft schwere Patienten betten muss.
f Als Kinderpflegefachfrau sollte man gute Nerven haben,	6 da Kinder oft schreien und weinen.
g Pflegepersonal muss geimpft sein,	7 denn es kommt mit vielen infektiösen Krankheiten in Kontakt.
h Manche Pflegefachkräfte wollen eine Weiterbildung machen,	8 weil Patienten oft Verletzungen haben.
i Eine Pflegefachfrau muss Blut sehen können,	9 da manchmal Notfälle auftreten.

5. Warum? Kausale Adverbien *deshalb / deswegen / daher* zeigen auf den Grund im Satz davor.

Verbinden Sie die Sätze aus 4 mit einem Adverb. Sie müssen mit dem Grund beginnen.

1. *Alte Leute und Kranke sind oft langsamer. Deshalb brauchen Pflegefachpersonen viel Geduld.*
2. __________
3. __________
4. __________
5. __________
6. __________
7. __________
8. __________
9. __________

EXTRA 2

Ein Stellenangebot.

Lesen Sie die Stellenanzeige und klären Sie unbekannte Wörter.

Für unsere Senioreneinrichtung Sonnenberg suchen wir mehrere Betreuungsassistenten/Alltagshelfer (m/w/d).
Ihre Aufgaben:
Sie unterstützen die Bewohner in Alltagsdingen. Sie begleiten sie zum Einkaufen oder zum Arzt. Sie beschäftigen sie und spielen mit ihnen. Sie helfen beim Essen und fördern die Gemeinschaft. Sie sind präsent und entlasten die Pflegemitarbeiter, ohne selbst pflegerische Tätigkeiten auszuführen.
Ihr Profil:
Sie haben ein Herz für alte Menschen, haben Zeit, viel Geduld, können gut zuhören und sind teamfähig. Sie haben eine christliche Einstellung und die Bereitschaft zur Fort- und Weiterbildung.
Wir bieten:
Eine interessante Tätigkeit, ein gutes Betriebsklima, Weiterbildungsmöglichkeiten, eine gute Bezahlung mit Extra-Bonus, Versicherung und einen sicheren Arbeitsplatz.
Haben Sie Interesse? Dann melden Sie sich bei Anja Meier, Telefon 0123 23345456, oder schreiben Sie eine E-Mail an: sonnenberg-bewerbung@on-line.com

Pflege in Deutschland

1. Nennen Sie mindestens drei Aufgaben eines Alltagshelfers.

2. Was ist Ihrer Meinung nach die wichtigste Qualifikation eines Betreuungsassistenten / einer Betreuungsassistentin? Warum?

3. Eine Freundin aus Ihrer Heimat spricht schon gut Deutsch und sucht dringend einen Job. Schreiben Sie ihr eine Nachricht und informieren Sie sie über das Stellenangebot.

EXTRA 3

Es gibt immer einen Grund.

Verbinden Sie die Aussagen mit dem Konnektor in der Klammer.

1. Wir haben im Moment viel zu tun. Ich mache Überstunden. (deshalb)

2. Meine Kollegin ist krank. Ich übernehme morgen die Spätschicht. (deswegen)

3. Ich bin sehr nervös. Ich habe morgen meinen ersten Tag auf der Herzchirurgie. (weil)

4. Ich soll das Essen austeilen. Ich kann dir leider nicht helfen. (darum)

5. Ich muss Frau Dreyer beim Waschen unterstützen. Ihr geht es heute nicht so gut. (da)

6. Der Arzt sagt, dass ich Ihren Blutdruck noch mal messen soll. Er war heute Morgen so hoch. (denn)

Auf Station

1. Modalpartikeln.

Welche passen? Kreuzen Sie an.

1. Wie lange bist du ________ schon in Deutschland?

   denn ☐ mal ☐ eigentlich ☐

2. Oje, es ist ________ schon so spät. Ich muss jetzt zum Spätdienst.

   bloß ☐ ja ☐ doch ☐

3. Mach dir keine Sorgen. Du kommst ________ noch rechtzeitig zu deinem Termin.

   nur ☐ schon ☐ doch ☐

4. Schon wieder so spät! ________ wollte ich heute pünktlich nach Hause gehen.

   eigentlich ☐ denn ☐ mal ☐

5. Warum kann ich mir ________ die Artikel nicht merken?

   nur ☐ ja ☐ mal ☐

6. Jetzt stell mir ________ endlich ________ deine neue Kollegin vor!

   doch ... mal ☐ denn ... mal ☐ bloß ... mal ☐

7. Wer hat ________ am Wochenende Dienst?

   denn eigentlich ☐ eigentlich mal ☐ mal doch ☐

8. Mach dir keine Sorgen. Du findest ________ jemanden, der mit dir den Frühdienst tauscht.

   ja ☐ schon ☐ bloß ☐

2. Ergänzen Sie mit *ja, doch, denn* und *eigentlich.*

1. + Hallo Jürgen, das ist ________________ eine Überraschung. Schön dich zu sehen. Wie geht´s dir ________________?

   – Danke. ________________ ganz gut. Und dir?

2. + Auch gut, danke! ________________ schade, dass wir uns nicht mehr so oft sehen. Komm ________________ wieder mal auf Station vorbei, wenn du in der Nähe bist.
3. Herr Meier, wann fängt ________________ ________________ unsere neue Kollegin bei uns an?
4. Unsere Stationsärztin habe ich ________________ schon kennengelernt, aber den Chefarzt kenne ich noch nicht.

3. Setzen Sie die passenden Wörter in der richtigen Form ein.

• von • bis • nach • über • am • um • seit • für

1. Ich fliege ________ die Feiertage ________ vier Tage nach Spanien. Am Sonntag ________ dem Frühdienst, ________ 16:00 Uhr, geht mein Flug. Ich habe ja icon04 Montag ________ Donnerstag frei und fange ________ Freitag erst mit Nachtdienst an. Ich freue mich schon so, weil ich meine Familie ________ Monaten nicht gesehen habe.

• frei • Dienstplan • der Nachtdienst • brauchen

2. Ich schreibe morgen den ________________ für die nächsten sechs Wochen. ________ jemand von euch unbedingt an einem bestimmten Tag ________ – Also ich nicht, aber ich würde gern nur noch ________________ machen. Ist das möglich?

• der Urlaub • das Formular • die Probezeit • nehmen • stellen

3. + Wann kann ich eigentlich meinen ersten Urlaub ____________?

– Nach dein______ ____________, also nach einem halben Jahr. Aber du musst ______ ____________ beantragen. Schau mal, hier liegt ____________, mit dem du dein______ Urlaubsantrag ____________.

4. Personal und Arbeitszeiten.

a. Lesen und bearbeiten Sie die Aufgaben zum Text.

PDL: Wir haben auf Station 31 Betten zur Verfügung. Unser Team besteht aus fünf examinierten Gesundheits- und Kinderkrankenpfleger/-innen und fünf examinierten Krankenschwestern/-pflegern, zwei Pflegefachfrauen und zwei Pflegeassistent:innen. Die Stationsleitung wird unterstützt durch eine Stellvertretung. Zur Entlastung des Personals sind außerdem zwei Stationshilfen eingesetzt, die die hauswirtschaftlichen Tätigkeiten übernehmen. Das Personal einer externen Reinigungsfirma kümmert sich um die Sauberhaltung der Räume und Patientenzimmer. Um unsere kleinen Patienten bemüht sich zusätzlich eine Erzieherin. Für die ärztliche Versorgung sind ein Oberarzt, drei Assistenzärzte und ein Student im praktischen Jahr (PJler) zuständig.
Die wöchentliche Arbeitszeit unseres Pflegepersonals umfasst 38,5 Stunden in vier Schichten. Der Nachtdienst arbeitet zehn Stunden. Spät- und Zwischendienste sorgen dafür, dass die zehnstündige Ruhezeit zum Frühdienst eingehalten wird.
Bei der Dienstplanung versucht die Stationsleitung, persönliche Wünsche so weit wie möglich zu berücksichtigen. Außerdem findet monatlich eine Teambesprechung statt.

a Welche Berufsgruppen arbeiten auf Station?

____

____

b Wie viele Stunden arbeitet das Pflegepersonal pro Woche und welche Dienste gibt es auf Station?

____

____

c Kreuzen Sie die richtigen Aussagen an.

1 ☐ Das Team bespricht sich einmal im Monat.
2 ☐ Die Stationsleitung plant den Dienst immer nach den Wünschen des Personals.
3 ☐ Frühdienst darf das Personal nur nach einer Arbeitspause von 10 Stunden machen.

b. Welche Präposition fehlt? Suchen Sie oben im Text. Ergänzen Sie auch den richtigen Kasus.

planen *nach* + **Dativ**	sich bemühen ______ +	sich kümmern ______ +
zuständig sein ______ +	sorgen ______ +	bestehen ______ +

5. Zeitangaben mit der Endung *-lich* und *-ig*.

Lesen und ergänzen Sie. Manchmal brauchen Sie einen Umlaut.

-lich → **wiederholt**	*-ig* → **nur in diesem Zeitraum**

1. Ich arbeite **jeden Tag** / *täglich* acht Stunden.
2. Ich nehme morgen an **einem fünf**____________ Seminar / **fünf Tage** an einem Seminar teil.
3. Wir haben **jeden Monat** / ____________ eine Dienstbesprechung.
4. Ich mache hier **zwei Monate** ein Praktikum / ein ____________ Praktikum.
5. Wir gehen zweimal **pro Woche** / ____________ in den Deutschkurs.
6. Nach meinem **Urlaub von vier Wochen** / ____________ **Urlaub** fühle ich mich richtig erholt.

7. **Jedes Jahr** / ______________________ findet eine Fortbildung für Pflegekräfte statt.
8. Die Fortbildung für Hygiene fällt **dieses Jahr** aus. / Die ______________________ Fortbildung für Hygiene fällt aus.
9. Die S-Bahn fährt **jede halbe Stunde** / ______________________ zum Flughafen.
10. Zwischen jedem Dienst müssen wir **zehn Stunden** / eine ______________________ Ruhezeit einhalten.

6. Zweiteilige Konnektoren.

Bilden Sie mit zweiteiligen Konnektoren einen Satz. Manchmal gibt es mehrere Möglichkeiten.

1. Ich finde das Desinfektionsmittel nicht. Ich finde den Messbecher nicht.

____

2. Meine Glocke ist kaputt. Das Licht ist auch kaputt.

____

3. Ich finde den Rollstuhl nicht. Ich finde den Toilettenstuhl nicht.

____

4. Meine Rufanlage ist defekt oder ich kann sie nicht richtig bedienen.

____

5. Der Patient benutzt seinen Gehstock nicht. Er nimmt auch seinen Rollator nicht.

____

6. Das EKG steht im Geräteraum oder es steht in Zimmer 110 bei Frau Frei.

____

7. Ich habe am Donnerstag Dienst. Ich habe auch am Freitag Dienst.

____

7. Komposita.

Fragen Sie im Kurs nach der Bedeutung folgender Wörter und erklären Sie sich diese gegenseitig. Schreiben Sie anschließend die Bedeutung als Satz.

Infusionsflaschenhalter, Notrufknopf, Waschlotionsspender, Schleimhautdesinfektionsmittel, Patientenbadezimmer, Arbeitszeitenregelung, Personalwohnheim

1. „Entschuldigung, aber was ist ein Infusionsflaschenhalter?“
Ein Infusionsflaschenhalter ist ein Halter für Infusionsflaschen.
2. ____
3. ____
4. ____
5. ____
6. ____
7. ____

8. Hilfsmittel.

Mit welchen arbeiten Sie wie oft? Begründen Sie.

Ich brauche häufig das Blutdruckmessgerät und das Thermometer, *weil ich jeden Tag Blutdruck und Temperatur messe.*	nie selten / fast nie ab und zu/ manchmal oft / häufig /meistens fast immer immer

9. Adjektive nach dem Verb, vor dem Nomen.

Lesen Sie die Erklärungen und ordnen Sie sie den Beispielsätzen zu.

1. Ein prädikatives Adjektiv charakterisiert ein Nomen (Subjekt oder Objekt). Es steht nach Verben wie *sein, bleiben, werden, finden* ... und wird nicht dekliniert.

2. Ein attributives Adjektiv steht immer vor einem Nomen und muss dekliniert werden.

3. Ein Adverb charakterisiert eine Handlung. Es steht nach dem Verb und wird nicht dekliniert. Man nennt es auch adverbiales Adjektiv.

a Das Wetter ist schlecht. ___________

b Für Sonntag ist schlechtes Wetter gemeldet. ___________

c Ich finde meine Arbeit anstrengend. ___________

d Thomas bleibt auch bei Stress ruhig. ___________

e Du hast gestern professionell reagiert. ___________

f Ich muss mich bei der Arbeit stark konzentrieren. ___________

10. Adjektivdeklination.

Betrachten Sie die Tabelle genau. In welchen Fällen sind die Endungen gleich?

	maskulin		**neutral**		**feminin**		**Plural**	
		klein		klein		klein		klein
	der	**-e**	das	**-e**	die	**-e**	die	**-en**
Nominativ	ein	-er	ein	-es	eine	-e	seine	
								-e
für +		klein		klein		klein		klein
	den	-en	das	**-e**	die	**-e**	die	**-en**
Akkusativ	einen	-en	ein	-es	eine	-e	seine	
								-e
mit +		klein		klein		klein		klein
	dem	**-en**	dem	**-en**	der	**-en**	den	**-en** Kindern
Dativ	einem		einem		einer		seinen	
		-em		-em		-er		
wegen +		klein		klein		klein		klein
	des	**-en** Fehlers	des	**-en** Kindes	der	**-en**	der	**-en**
Genitiv	eines		eines		einer		seiner	
						-er		-er

- Bei allen Artikeln, die nicht die gleiche Form wie im Nominativ haben, braucht das Adjektiv die Endung ___________.
- Im Plural mit Artikel braucht das Adjektiv immer die Endung ___________.
- Beim Nomen ohne Artikel (Nullartikel) hat das Adjektiv die gleiche Endung wie der ___________.

Ausnahme: Genitiv ___________.

Auf Station

11. Wo oder wohin?

Ergänzen Sie mit den richtigen Endungen.

1. In d_______ link_______ Schrank liegen die Thermometer, das Zuckermessgerät legst du aber in d_______ recht_______ Schrank.
2. Sauber_______ Bettwäsche findest du in d_______ (i_______) hinter_______ Lagerraum neben d_______ weiß_______ Regal.
3. Klein_______ Löffel liegen in d_______ ober_______ Schublade in d_______ (i_______) Küchenschrank neben d_______ Spülbecken.

EXTRA 1

Abteilungen in einer Klinik.

Ergänzen Sie.

•die Entbindungsstation • die Hautklinik • die Urologie • die Orthopädie • die Kinder- und Jugendpsychiatrie • die Unfallchirurgie • die Röntgenabteilung • die Innere Medizin • die Hals-Nasen-Ohren-Klinik (HNO)

1. Mein Vater hatte eine Knieoperation. Er liegt in der _______________.
2. Frau Krone hat gestern ihre Tochter entbunden. Sie liegt noch auf der _______________ in der Gynäkologie.
3. Herr Mang braucht vor der Bypass-OP noch eine aktuelle Lungenaufnahme. Melden Sie ihn bitte in der _______________ zum Röntgen-Thorax an.
4. Ich bringe jetzt meinen Patienten in die _______________ zur Sonografie seiner Harnblase.
5. Meine Kollegin hatte einen Fahrradunfall und liegt im Klinikum auf der _______________.
6. Robert ist aufgrund seines Tinnitus ins Klinikum in die Ambulanz gefahren. Sie haben ihn stationär in der _______________ aufgenommen.
7. Marion hat einen Hautkrebs. Sie muss für zwei Wochen zur Chemotherapie in die _______________ oder auch Dermatologie.
8. Die Gastroenterologie ist ein Teilgebiet der _______________.
9. Kinder und Jugendliche mit psychischen, psychosomatischen und neurologischen Störungen finden Hilfe in der _______________.

EXTRA 2

Innerhalb und außerhalb eines Raums. Die Adverbien *drinnen/draußen*

Was passt? Ergänzen Sie.

1. Es ist so schönes Wetter! Deshalb findet die Teamsitzung heute _______________ auf der Terrasse statt.
2. Der Bettenwagen bleibt bitte immer _______________ vor der Tür stehen.
3. + Herr Bader, gehen Sie doch ein bisschen spazieren. _______________ scheint die Sonne.
   – Nein, hier _______________ im Zimmer ist es so schön kühl. Ich möchte nicht **nach** _______________ gehen.
4. Bleiben Sie bitte hier _______________ sitzen, bis der Anästhesist bei Ihnen war.
5. Unsere Bewohner frühstücken bei schönem Wetter _______________ im Garten.

Auf Station

6. + Frau Bader, was machen Sie hier ______________________ ohne Jacke? Es ist kalt!

   – Ich wollte gerade **nach** ______________________ gehen und meine Jacke holen.

7. Schwester, kann ich die Ohrstecker ______________________ lassen oder muss ich sie zum Röntgen herausnehmen?

8. Herr Kramer, haben Sie Ihre Zahnprothese noch nicht ______________________ Sie kommen gleich in den OP.

9. Frau Reinecke, Sie wissen doch, dass Sie hier ______________________ auf der Toilette nicht rauchen dürfen.

   Gehen Sie bitte zum Rauchen **nach** ______________________.

Merke: Verwendet man die Adverbien *drinnen, draußen* mit einem Verb der Bewegung, dann muss davor die Präposition *nach* stehen.

Hygienewissen

1. Formen Sie in Aktivsätze um.

Ergänzen Sie, wo nötig, mit einem Subjekt.

1. Die Waschschüsseln sind schon desinfiziert und aufgeräumt worden.

___

2. Die Seifenspender werden gerade vom Reinigungspersonal aufgefüllt.

___

3. Der Desinfektionsplan wird im unreinen Raum über dem Waschbecken aufgehängt.

___

4. Meine Arbeitskleidung wird vom Klinikum gereinigt und gebügelt.

___

2. Bilden Sie Nebensätze im Passiv.

Achten Sie auf die Position der Wörter und die Angabe in der Klammer.

1. die Hygienemaßnahmen – einhalten (Präsens): Es ist wichtig, dass
   die Hygienemaßnahmen eingehalten werden.

2. die Urinflaschen – leeren (Perfekt): Ich weiß nicht, ob

___

3. der Rollstuhl – schon – einsprühen (Präteritum): Ich bin sicher, dass

___

4. die Schulungen – anbieten – wieder – nächstes Jahr (Präsens): Ich vermute, dass

___

5. der Toilettenstuhl – in den unreinen Raum – bringen (Perfekt): Ich glaube, dass

___

6. Betten – in der Bettenzentrale – desinfizieren (Präsens): Bei uns ist es so, dass

___

3. Nicht passivfähige Verben.

Lesen Sie.

Nicht alle Verben mit Akkusativobjekt können ein Passiv bilden.
Achtung! Folgende Verben können **kein Passiv** bilden:

Fast alle Verben der **Zustandsveränderung (im Perfekt mit *sein*)**	Ich **bin aufgewacht.**
Reflexive Verben	Ich **kümmere mich.**
Verben, die **keine „Aktivität"** ausdrücken **(das Subjekt handelt nicht)**	• Das Desinfektionsmittel **wirkt ein.** • Ich **lasse** das Mittel trocknen/einwirken. • Die Operation **dauert** ca. eine Stunde. • Ich **bekomme** ein Einzelzimmer.

4. Passiv kreativ. Wer oder was ist das?

A
Sie wird mit einer Urinflasche befüllt.
Sie muss eingeschaltet werden.
Sie muss ausgeräumt werden.
→ ______________________________

Es wird geöffnet.
Es wird geschlossen.
Im Frühjahr wird es geputzt.

→ das Fenster

B
Ich werde am Morgen gewaschen.
Ich werde manchmal untersucht.
Mein Blutdruck wird jeden Tag gemessen.
→ ______________________________

C
Dort wird gelacht.
Dort wird Übergabe gemacht.
Dort wird Pause gemacht.
→ ______________________________

Jeder Teilnehmer überlegt sich zwei weitere Gegenstände oder Personen und beschreibt diese mit drei Passivsätzen. Die anderen Teilnehmer raten, wer oder was das ist.

5. Bilden Sie Sätze in der angegebenen Zeitform im Passiv.

1. für die Hauskrankenpflege – keine Arbeitskleidung – vorschreiben – müssen (Präsens)

____

2. Privat- und Arbeitskleidung – separat – müssen – waschen (Präsens)

____

3. Patienten – durch lange Fingernägel – können – verletzen (Präsens)

____

4. Letzten Monat – keine Fortbildung zur Händehygiene – können – anbieten (Präteritum)

____

5. Häufig – Erreger – durch die Hände – auf Patienten oder Personal – übertragen (Perfekt)

____

6. Formulieren Sie die Sätze aus 5 als Nebensatz mit der Konjunktion *weil*.

1. *..., weil für die Hauskrankenpflege keine Arbeitskleidung vorgeschrieben werden muss.*
2. ______________________________
3. ______________________________
4. ______________________________
5. ______________________________

Hygienewissen

7. Bilden Sie Sätze in der angegebenen Zeitform im Zustandspassiv.

1. Der Wäschewagen – auffüllen – und – der Abfallsack – wechseln (Präteritum)

____

2. Das Nachtschränkchen – bereits – reinigen (Präsens)

____

3. Die Infusionsflasche – schon – werfen – in den Abfall (Präteritum)

____

4. Der Besucher – über die Infektionsgefahr – aufklären (Präsens)

____

8. Angst vor MRSA.

Lesen Sie den Dialog und klären Sie im Kurs unbekannte Wörter.

Patient: Herr Doktor, ich habe schon ein bisschen Sorge, dass ich mich bei meinem Klinikaufenthalt mit diesem gefährlichen Erreger anstecke. Wie heißt der gleich noch mal?

Arzt: Sie meinen den MRSA: den ***Methicillin-resistenten Staphylococcus aureus***. Ein Bakterium, das gegen die meisten Antibiotika unempfindlich ist. Diese Bakterien kommen auf der Haut von vielen gesunden Menschen vor und siedeln sich zum Beispiel im Nasenvorhof, im Rachen, den Achseln oder Leisten an. Aber erst wenn sie über Schleimhäute oder Wunden in den Körper gelangen, können sie eine Erkrankung auslösen, kann also eine Erkrankung ausbrechen.

Patient: Und wann ist ein Mensch dann ansteckend?

Arzt: Ansteckend sind sowohl MRSA-Erkrankte als auch MRSA-Träger, also Menschen, die den Keim tragen, aber eigentlich noch gesund sind.

Patient: Aha, und wie schützt man sich vor einer Infektion?

Arzt: Also, der Hauptübertragungsweg sind die Hände. Die Erreger werden am häufigsten durch direkten Kontakt von Mensch zu Mensch weitergegeben. Außerdem haften die Bakterien sehr gut an Gegenständen aus Plastik und Edelstahl wie Türklinken, Handläufen, Griffen oder Badutensilien. Das bedeutet, dass der wichtigste Schutz die Händedesinfektion ist. Machen Sie sich keine Sorgen. Viele Kliniken machen bei der Aufnahme einen MRSA-Test. Patienten, die die Erreger tragen, werden dann isoliert. Und Händedesinfektionsmittel gibt es ja in allen Zimmern.

9. Welche markierten Wörter aus 8 sind Synonyme?

Ergänzen Sie.

1. Keim/ _______________
2. kolonisieren/ _______________
3. hervorrufen/ _______________
4. auftreten/ _______________
   (eine Erkrankung)
5. resistent/ _______________
6. Bakterien übertragen/ _______________
7. infektiös/ _______________
8. Erreger sitzen/ _______________
9. einen Keim haben/ _______________

10. Wortbildung.

Ordnen Sie die Substantive in die Tabelle und bilden Sie aus diesen Verben.

Desinfektion, Infektion, Isolation, Isolierung, Aufbewahrung, Berührung, Ansteckung, Sterilisation

Wortstamm *-ung*	**Verb** *-en*
Verstärkung	verstärken
Wortstamm *- tion*	**Verb** *-ieren*
Kontamination	kontaminieren

EXTRA

Hygieneschulung.

a. Welche Betreffzeile passt? *Ordnen Sie zu.*

Hygieneschulung verschoben; Bestätigung der Hygieneschulung; Einladung zur Hygieneschulung

Betreff: ______________________________

Liebe Mitarbeiterinnen und Mitarbeiter,
wir möchten Sie gerne auf unsere alljährliche Hygieneschulung am 11.2.2024 hinweisen.
Die Schulung findet in unserem Hause im Raum 512, 5. OG, statt.
Wir möchten Sie bitten, Ihre Teilnahme bis spätestens zum 10.1.2024 zu bestätigen.

Mit freundlichen Grüßen
Carolin Lob
Pflegedirektorin

Betreff: ______________________________

Liebe Mitarbeiterinnen und Mitarbeiter,
leider kann wegen Erkrankung des Referenten die am 11.2.2024 geplante Hygieneschulung nicht stattfinden. Die Schulung wird auf den 25.2.2024 verlegt.
Wir möchten Sie bitten, uns mitzuteilen, ob Sie diesen Termin wahrnehmen können.
Im Voraus vielen Dank für Ihr Verständnis und Ihre Rückantwort.

Mit freundlichen Grüßen
Carolin Lob
Pflegedirektorin

b. Schreiben Sie eine Antwort auf die zweite E-Mail. *Vergessen Sie die Betreffzeile nicht.*

Betreff: ______________________________

Der Patient

1. Eine Bildtafel für den Kursraum erstellen.

Bilden Sie Gruppen. Lassen Sie eine/zwei Gruppe/n den Körper von vorne und hinten zeichnen und beschriften.

2. Körperteile.

a. Grammatik. Fußball spielen.

Es wird mit zwei Teams gespielt. Auf die Tafel ist ein Fußballfeld aufgemalt. In der Mitte befindet sich ein Magnet als Ball. Um von der Mittellinie ein Tor zu erzielen, braucht man zwei Schüsse. Nach jedem Tor wird in der Mitte des Spielfelds neu begonnen.

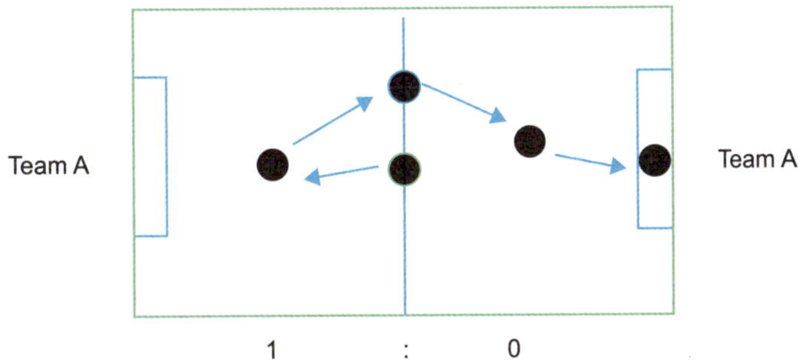

Ihr Lehrer zeigt mit dem Finger auf einen Körperteil. Jetzt ist Schnelligkeit gefragt. Spieler, die am schnellsten den Körperteil **mit richtigem Artikel** laut und deutlich rufen, machen für ihr Team einen Schuss in Richtung gegnerisches Tor. Wer die meisten Tore hat, gewinnt.

b. Ergänzen Sie die passenden Körperteile mit Artikeln und Adjektivendungen.

• Augen • Schulter • Rücken • Handgelenk • Nacken • Finger • Hals- und Lendenwirbelsäule

Immer wenn Maria lange vor dem Computer sitzt, tun ihr d________ A________ weh und sie bekommt ein________ steif________ N________________. Manchmal schmerzt ihr________ recht________ Sch________________ und ihr________ recht________ H________________. Seit gestern tut ihr auch d________ unter________ R________________ weh. Kein Wunder! Maria bewegt bei der Arbeit am Computer ja nur ihr________ F________________. Ihr Hausarzt hat ihr deshalb geraten, dass sie im Büro zwischendurch Gymnastikübungen für ihr________ H________- und L________________ macht.

3. Bewegungen.

Welcher Körperteil passt? Ergänzen Sie. Es gibt mehrere Möglichkeiten.

1. ________________ anziehen
2. ________________ spreizen
3. ________________ öffnen und schließen
4. ________________ nach außen/innen, zur Seite drehen
5. ________________ anwinkeln
6. ________________ heben
7. ________________ anspannen
8. ________________ beugen und strecken

4. Das menschliche Skelett auf Deutsch.

Lesen Sie die Wörter und ordnen Sie diese den Fachbegriffen auf der Zeichnung zu.

-s Schlüsselbein	-s Schulterblatt	-r Oberarmknochen	-e Speiche	-e Elle
-s Brustbein	-s Becken	-r Fußwurzelknochen	-e Rippe,-n	-r Oberkiefer
-s Darmbein	-r Brustkorb	-r Schädel	-e Augenhöhle	-r Unterkiefer
-s Kreuzbein	-e Kniescheibe	-r Handwurzelknochen	-s Sitzbein	-r Halswirbel
-s Wadenbein	-s Schienbein	-r Oberschenkelknochen	-e Wirbelsäule	-r Rippenbogen
-s Schambein		-e untere Extremität, -en	-e obere Extremität, -en	

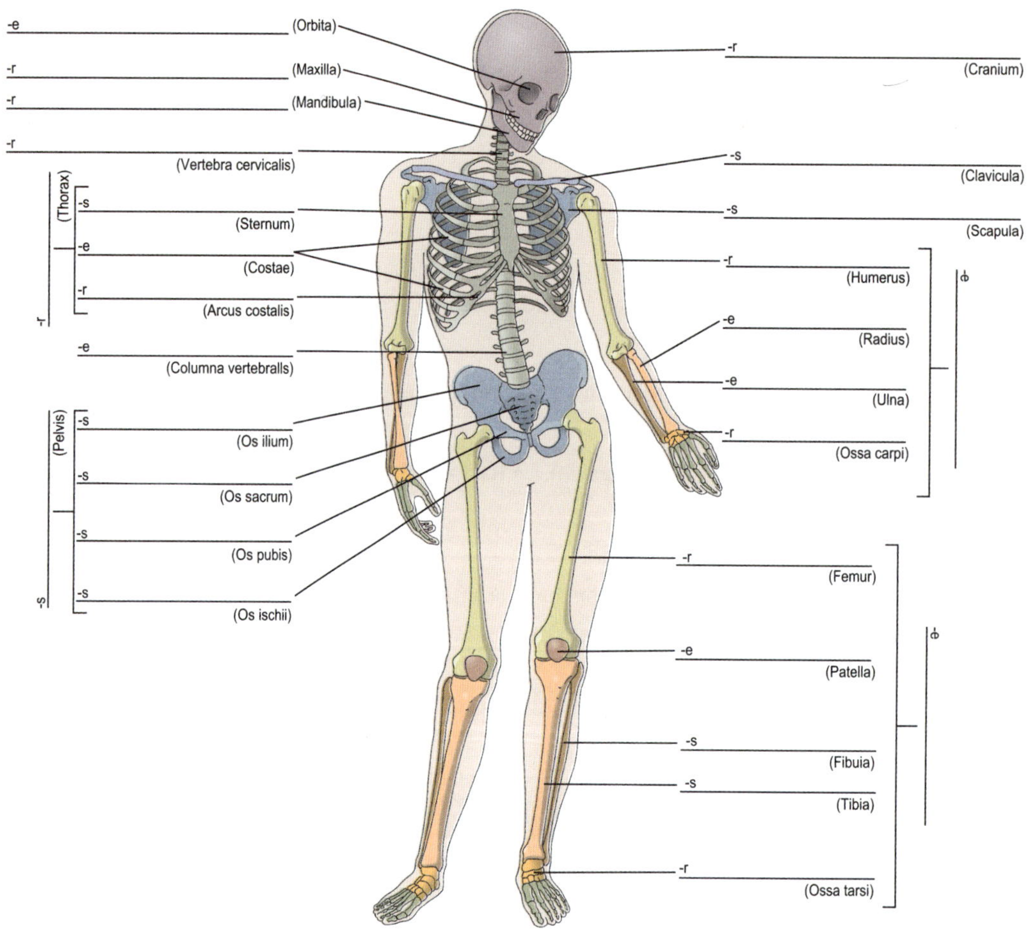

5. Das menschliche Verdauungssystem.

Lesen Sie die Wörter und ordnen Sie diese den Fachbegriffen in der Zeichnung zu.

-r Magen	-e Bauchspeicheldrüse	-r Zwölffingerdarm
-r Mast-/Enddarm	-e Leber	-r Dünndarm
-r Blinddarm	-r Wurmfortsatz	absteigender Dickdarm
-r Lebergallengang	-e Gallenblase	aufsteigender Dickdarm

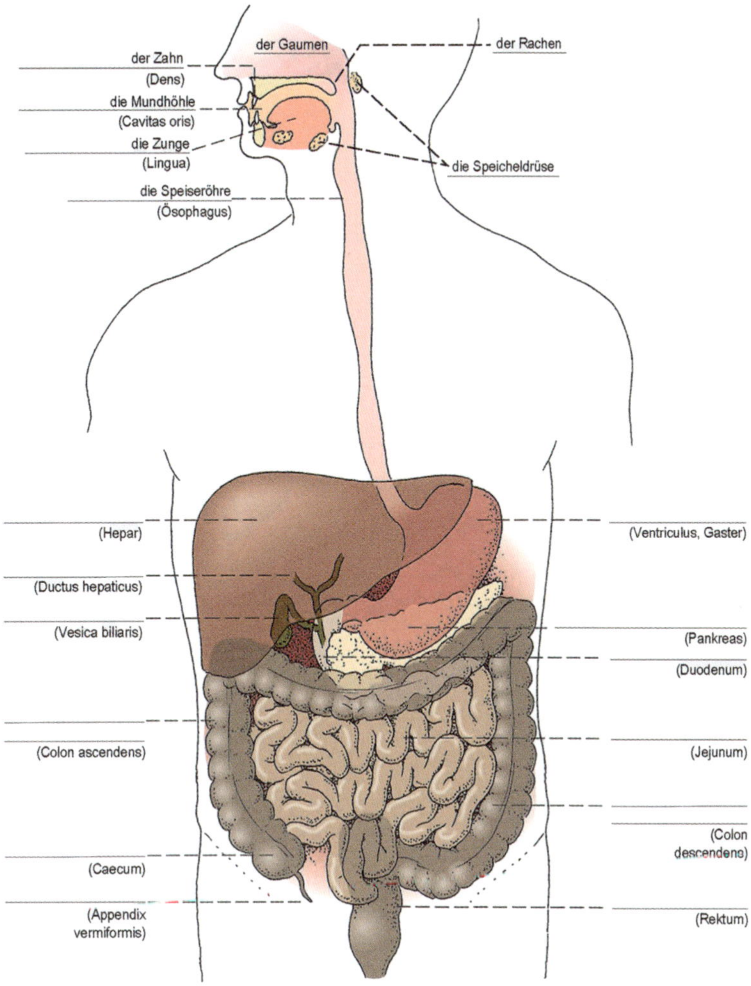

6. Redewendungen mit Organen.

Welche Bedeutung passt? Ordnen Sie zu.

1	jemandem läuft die Galle über	a	jemand ist seelisch sehr belastet
2	jemandem ist eine Laus über die Leber gelaufen	b	einen persönlichen Wunsch / ein Anliegen haben
3	jemandem geht etwas an die Nieren	c	etwas verursacht bei jemandem Übelkeit
4	etwas dreht einem den Magen um	d	jemand ist schlecht gelaunt
5	etwas auf dem Herzen haben	e	jemand ist sehr wütend

Welche Redewendungen kennen Sie noch? Gibt es in Ihrer Muttersprache ähnliche Redewendungen? Berichten und vergleichen Sie.

7. Krankheiten.

Zu welchem Arzt geht man? Ergänzen Sie.

• Röntgenarzt • Frauenarzt • Hüfte • Durchfall • Internist • Allergie • Uteruskarzinom • Orthopädin • Bruch • Bänder • Hautarzt

1. Seit die Birken blühen, läuft Jochen immer die Nase und er muss oft niesen. Außerdem tränen seine Augen. Er glaubt, dass er eine ______________________ gegen Pollen hat und geht zum ______________________.
2. Karins Mutter ist an einem ______________________ gestorben. Deshalb geht Karin zwei Mal pro Jahr zu ihrem ______________________ zur Krebsvorsorge und lässt ihre Gebärmutter untersuchen.

3. Manuel hat sich beim Fußball am Fußknöchel verletzt. Er muss zum ______________. Der Radiologe macht eine Computertomografie und stellt fest, dass er keinen ______________ hat, aber seine ______________ verletzt sind.

4. Frau Hansen hat Probleme mit ihrem Darm. Sie hat häufig ______________ und wenig Appetit. Ihr Hausarzt überweist sie zu einem ______________.

5. Frau Meier hinkt rechts beim Gehen und hat Schmerzen in der ______________. Sie geht zu einer ______________. Die Fachärztin stellt die Diagnose Coxarthrose.

EXTRA

Organe.

Wie heißt das Organ auf Deutsch? Schreiben Sie mit Artikel.

1. Das größte Organ des Menschen: ______________.
2. Ein wichtiges Organ, das giftige Stoffe aus dem Blut filtert: ______________.
3. Ein paariges Organ, das die Form einer Bohne hat: ______________.
4. Die Nahrung gelangt über die Speiseröhre in dieses Organ: ______________.
5. Das paarige Organ versorgt den Körper mit Sauerstoff: ______________.
6. Dieses Organ steuert unseren Körper. Es gibt eine rechte und eine linke Hälfte: ______________.
7. Dieses Organ produziert unter anderem Insulin: ______________.
8. Von der Niere fließt der Harn über ______________ in ______________.

8. Partizip I als Adjektiv.

Schreiben Sie wie im Beispiel.

1. Ein Patient, der schreit, ist *ein schreiender Patient.*
2. Eine Frau, die lacht, ist ______________.
3. Augen, die tränen, sind ______________.
4. Ein Schmerz, der drückt, ist ______________.
5. Eine Creme, die kühlt, ist ______________.
6. Ein Kissen, das wärmt, ist ______________.
7. Worte, die verletzen, sind ______________.
8. Beschwerden, die anhalten, sind ______________.
9. Ein Arzt, der behandelt, ist ______________.

9. Temporal.

Ersetzen Sie die temporalen Nebensätze mit einer passenden Präposition und Nomen.

1. Wenn ich sitze, / *Im Sitzen* habe ich Nackenschmerzen.
2. Nachdem ich Kaffee getrunken hatte, / ______________________ bekam ich Magenschmerzen.
3. Bevor ich schlafen gehe, / ______________________ trinke ich noch eine Tasse warme Milch.
4. Während wir die Betten machen, / ______________________ reden wir viel mit den Patienten.
5. Wenn ich jogge, / ______________________ bekomme ich hin und wieder Seitenstechen.
6. Bevor ich meine Zähne putze, / ______________________ bin ich es gewohnt, meinen Mund auszuspülen.
7. Mein Knie schmerzt nicht nur, wenn ich laufe, / ______________________ sondern auch, wenn ich stehe / ______________________.

10. Schmerzbeobachtung beschreiben.

Lesen und klären Sie unbekannte Wörter im Kurs. Stellen Sie dann die Begriffe pantomimisch dar.

Mimik:	Zähne zusammenbeißen, die Augen zusammenkneifen/schließen, das Gesicht verziehen
Körperhaltung:	sich krümmen, sich überstrecken, bei Berührung zusammenzucken, an die Schmerzstelle greifen, Steifheit, Schonhaltung
Laute, die der Patient macht:	stöhnen, jammern, weinen, schreien
Verhalten:	still, inaktiv, zurückgezogen, lange Ruhephasen, viel Schlaf, unruhig, gereizt, aggressiv, verwirrt

11. Schmerzbeobachtung.

Bilden Sie Sätze nach folgendem Muster im Perfekt.

Herr/Frau ... hat heute beim Waschen die Zähne zusammengebissen.

1. beim Anziehen – das Gesicht verziehen – und – stöhnen

____

2. im Liegen – den Kopf überstrecken

____

3. zusammenzucken – heute Morgen // als – am Oberarm – ich – berühren – ihn

____

4. beim Gehen – den unteren Rücken – sich halten – die ganze Zeit

____

5. bei der physiotherapeutischen Behandlung – und – jammern – das Gesicht verziehen

____

6. sein - den ganzen Tag inaktiv – und – beim Abendessen – kaum sprechen

____

12. Schmerzanamnesebogen.

HV AB

Lesen Sie den Bogen. Hören Sie dann ein Schmerzinterview und tragen Sie Äußerungen des Patienten in den Bogen ein. Vergleichen Sie Ihr Ergebnis mit dem Ihres Lernpartners.

Patient: ___________________________

1. Wo haben Sie die Schmerzen?

- ☐ Kopf/Gesicht
- ☐ Mund/ Zähne
- ☐ Hals/ Nacken
- ☐ Finger/ Hand/ Arm/ Schulter re/ li
- ☐ Brustkorb/ Bauchbereich
- ☐ oberer Rücken/ unterer Rücken (Kreuz/ Gesäß)
- ☐ Becken/ Hüfte
- ☐ Bein/ Fuß re/ li
- ☐ Gelenk Welches? ________________

2. Seit wann haben Sie die Schmerzen?

seit _____ Tagen/ Wochen/ Monaten

3. Wie oft haben Sie die Schmerzen?

☐ dauernd ☐ täglich ☐ mehrmals täglich ☐ mehrmals wöchentlich
☐ manchmal ☐ selten

4. Sind die Schmerzen zu einem bestimmten Zeitpunkt stärker?

☐ morgens ☐ tagsüber ☐ abends ☐ nachts

5. Wie stark waren Ihre Schmerzen in den letzten sieben Tagen? Bitte eine Zahl einkreisen.

kein Schmerz 0 1 2 3 4 5 6 7 8 9 10 stärkster Schmerz

6. Gibt es Methoden/ Körperstellungen, die Ihre Schmerzen lindern oder verstärken?

Verstärkung

☐ nein

☐ ja

☐ Liegen ☐ Sitzen
☐ Stehen ☐ Ruhe
☐ Bewegung ☐ Wärme ☐ Kälte
☐ Stress ☐ Nahrungsmittel

Sonstiges: ____________________

Linderung

☐ nein

☐ ja

☐ Liegen ☐ Sitzen
☐ Stehen ☐ Ruhe
☐ Bewegung ☐ Wärme ☐ Kälte
☐ Massage ☐ Wickel

Sonstiges: ____________________

7. Wie fühlen sich die Schmerzen an?

☐ stechend ☐ brennend ☐ bohrend ☐ ziehend ☐ drückend ☐ pochend
☐ hämmernd ☐ krampfartig ☐ messerstichartig ☐ ausstrahlend in ________________

8. Nehmen Sie Medikamente gegen Ihre Schmerzen?

☐ nein ☐ ja, seit (Datum) ________________

Medikament (Dosierung) ________________________

Vitalzeichen messen und beobachten

1. Kreislaufprobleme.

Ergänzen Sie die Sätze mit den Wörtern aus dem Schüttelkasten.

• unwohl • Kreislaufkollaps • verschwommen sah • blass • kaltschweißig • fadenförmig • Schweißperlen • schwindelig • schwarz vor Augen

Frau Arnold hatte am Morgen einen (1) ________________. Sie hatte geläutet, weil sie sich zuerst unruhig und (2) ________________ fühlte und dann plötzlich alles nur noch (3) ________________. Zum Glück hatte sie das Bett noch erreicht. Als ich kam, war sie ganz (4) ________________ im Gesicht, ihre Haut war (5) ________________ und sie hatte (6) ________________ auf der Stirn. Ihren Puls konnte ich kaum noch tasten. Er war (7) ________________ und hatte eine Frequenz von 124. Ihr Blutdruck lag bei 95/70. Ich habe natürlich sofort ihren Oberkörper flach und die Bein hoch positioniert. Sie erzählte, dass ihr immer wieder mal (8) ________________ und (9) ________________ wird.

2. Die Atmung bei Sterbenden.

Lesen und notieren Sie in Stichpunkten, wie sich die Atmung bei einem Sterbenden verändert.

In den letzten Stunden des Lebens ist es häufig so, dass sich die Atmung verändert. Bei der Atmung hört man eben oft dieses rasselnde oder gurgelnde Geräusch. Das liegt daran, dass der Schleim nicht mehr abgehustet werden kann und sich in der Lunge sammelt. Damit der Schleim ablaufen kann, legt man den Patienten auf die Seite. Die Einatmung ist dadurch nicht behindert und es besteht auch nicht die Gefahr, dass der Sterbende erstickt. Deshalb gibt man auch keinen Sauerstoff. Die Atmung eines Sterbenden wird zunehmend schwächer und unregelmäßig. Das Einatmen wird kürzer, das Ausatmen dauert länger. Zuletzt kommt es zu langen Atempausen – der Sterbende schnappt nach Luft. Diese Schnappatmung ist ein Zeichen dafür, dass das Herz nicht mehr richtig schlägt.

____

____

____

____

3. Sputum beschreiben.

Lesen Sie den Text und ergänzen Sie die Adjektivendungen, wo nötig. Ordnen Sie anschließend passende Adjektive den Kriterien Farbe, Viskosität und Geruch zu.

- Weißlich________ Schleim, der vor allem morgens abgehustet wird, deutet auf eine chronisch________ Bronchitis hin.
- Schleimig________, eitrig________, grüngelb________ Sputum, das oft etwas süßlich________ riecht, könnte ein Zeichen für eine bakteriell________ Infektion der Atemwege sein.
- Rotbraun________ Auswurf husten zum Beispiel Patienten mit einer Lungenembolie oder einem Bronchialkarzinom ab. Das Sputum kann dabei faulig ________ riechen.
- Patienten, die an einer Mukoviszidose erkrankt sind, husten reichlich zäh________ Bronchialsekret aus.

Farbe: ________________________________

Viskosität: ________________________________

Geruch: ________________________________

4. Diabetes mellitus.

Lesen Sie den Text und setzen Sie passende Wörter ein.

• eine Hypoglykämie/einen Unterzucker • einer Hyperglykämie/Überzuckerung • müde • blass • zittern • Durst • nachspritzen • Übelkeit

Herr Ferber hat sich sein Kurzeitinsulin gespritzt, aber fast nichts gegessen. Er schwitzt, ist um Mund und Nase ganz (1) ______________ und (2) seine Hände ______________. Er hat (3) ______________. Deshalb isst er sofort zwei Traubenzucker und trinkt ein Glas Coca-Cola.

Frau Anton kommt mit Ihrem neuen Pen einfach nicht zurecht. Sie fühlt sich (4) ______________, klagt über Kopfschmerzen und (5) ______________. Außerdem hat sie großen (6) ______________. Sie zeigt Symptome (7) ______________. Wahrscheinlich hat sie sich zu wenig Insulin gespritzt. Der Pflegefachmann gibt ihr sofort etwas zu trinken und misst ihren Blutzucker, um zu wissen, ob er ihr Insulin (8) ______________ muss.

5. Wozu? Handlungen und ihre Ziele im Arbeitsalltag.

a. Sammeln Sie Stichpunkte wie im Beispiel. Bilden Sie dann Finalsätze mit *damit* oder *um ... zu*

Hände desinfizieren – nicht anstecken:

Ich desinfiziere nach jeder pflegerischen Handlung meine Hände, damit ich mich nicht anstecke.

b. Bilden Sie Sätze mit *damit* oder *um ... zu*. Beginnen Sie mit dem Nebensatz, wenn möglich.

1. Sie – können – ruhiger atmen // ich – geben – Ihnen – ein bisschen Sauerstoff

____

2. er – durchblutet sein – besser // Frau Holler – sich reiben – den Finger

____

3. Sie – herausnehmen – Ihr Hörgerät (Imperativ) // ich – Temperatur – später – messen – können

____

4. geben – du – die Kurve – mir (Imperativ) // den Wert – ich – können – eintragen – gleich

____

5. er – Handschuhe – tragen (Perfekt) // sich anstecken – nicht

____

6. ich – spritzen – acht Einheiten Altinsulin – Ihnen // Ihr Blutzucker – sinken – schneller

____

6. Pflegerische Maßnahmen.

Überlegen Sie sich für folgende Beobachtungen pflegerische Maßnahmen. Erklären Sie dem Patienten wie im Beispiel, warum/wozu Sie diese Maßnahmen durchführen.

Beispiel: Der Patient hatte nach dem Duschen einen RR von 175/85.

Ich messe Ihren Blutdruck noch mal, weil er nach dem Duschen so hoch war.
um zu sehen, ob er gesunken ist.

Vitalzeichen messen und beobachten

1. Der Patient fühlt sich schwindelig. Sein Blutdruck war niedrig.

2. Der Patient fühlt sich heiß an.

3. Die Patientin hatte einen erhöhten Blutzucker.

4. Frau Mohler fühlt sich nach dem Waschen unwohl. Ihr Puls ist hoch.

5. Herr Brummer hatte beim Messen einen unregelmäßigen Puls.

7. Übergabe eines Patienten.

Lesen Sie die mündliche Übergabe eines Pflegers an die nächste Schicht und formulieren Sie daraus einen schriftlichen Pflegebericht. Denken Sie an den Telegrammstil und die Abkürzungen.

Nun zu Herrn Ewald auf Zimmer 112. Er fühlte sich gestern beim Durchgang um 22 Uhr sehr heiß an und klagte über Unwohlsein. Ich habe Temperatur gemessen und er hatte 39,9. Sein Blutdruck war 145/90, also in Ordnung, sein Puls erhöht auf 118. Außerdem habe ich seinen Blutzucker noch mal kontrolliert. Der war – wahrscheinlich wegen des Fiebers – auch zu hoch, nämlich 220 mg/dl. Auf ärztliche Anordnung von Doktor Meiringer habe ich ihm gegen das Fieber 500 mg Paracetamol supp. gegeben und ihm gesagt, dass er viel trinken soll. Außerdem habe ich ihm 4 Einheiten Altinsulin gespritzt. Um halb elf war die Temperatur schon auf 38,8 gesunken und der Blutzucker auf 140. Er war allerdings klatschnass geschwitzt. Deshalb habe ich ihm sein Schlafhemd, sowie Kopfkissen und Bettdecke gewechselt. Um 23 Uhr war dann die Temperatur auf 38,2 und er fühlte sich nicht mehr unwohl. Beim Durchgang um Mitternacht hat er ruhig geschlafen. Ich habe ihn nicht mehr geweckt. Heute Morgen um 6 Uhr hatte er 37,6 und fühlte sich noch etwas geschwächt von der unruhigen Nacht.

Uhrzeit	Pflegebericht	HZ

Vitalzeichen messen und beobachten

EXTRA

Monitoring. Überwachung der Vitalfunktionen mithilfe eines Patientenmonitors.

a. Womit wird was gemessen? Ordnen Sie die Parameter des Monitors der Tabelle zu.

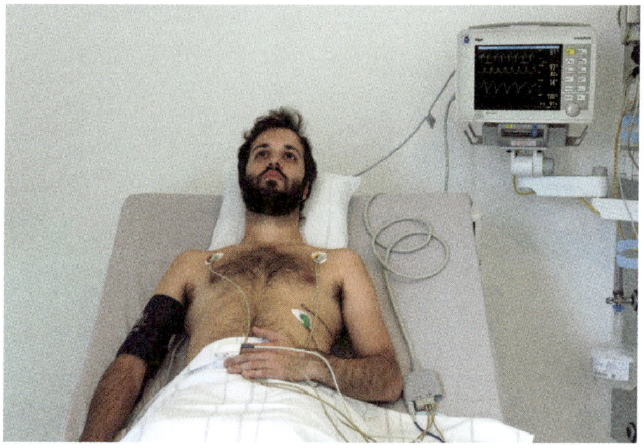

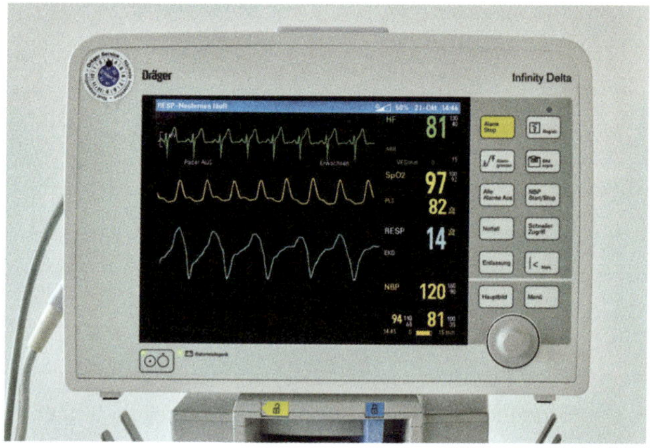

• Blutdruckmanschette • die periphere Sauerstoffsättigung • Pulsoximeter • Elektroden • die Atemfrequenz • die Körpertemperatur • Blutdruck (NIBP) • PLS • HF/EKG

Parameter – Abkürzung, Maßeinheit	Was?	Womit?
	die Herzfrequenz	
AF×/min		Elektroden
×/min	der Puls	Messfühler in Form eines Clips = Pulsoximeter
RR	die nicht invasive Blutdruckmessung	
T.Grad Celsius		Temperatursonde
S_pO_2 %		

b. Setzen Sie in den Dialog die passenden Wörter ein. Achten Sie auf die richtige Form.

• Apparat • Ursache • Blutdruck • Sauerstoffgehalt • angeben • überwachen • ablesen

Die Ehefrau eines Patienten ist besorgt, weil ihr Mann am Monitor hängt.

Ehefrau: Frau Fischer, entschuldigen Sie, aber warum hängt denn mein Mann an diesem ______________________ und was bedeuten die ganzen Zahlen auf dem Bildschirm?

Frau Fischer: Machen Sie sich keine Sorgen. Wir haben Ihren Mann an den Monitor angeschlossen, weil er heute Vormittag einen sehr hohen ______________________ hatte. Wir sind heute Nachmittag nur zu zweit auf Station, deshalb ist es sicherer, wenn wir Ihren Mann mit dem Monitor ______________________. Der alarmiert uns sofort, wenn ein Wert nicht in Ordnung ist.

Ehefrau: Aha, und die Zahlen?

Frau Fischer: Ja, also ganz oben sehen Sie den Wert für den Herzschlag pro Minute. Die Linie und die Zahl darunter ______________________ die Atemzüge pro Minute __________. Dann sehen Sie den Wert für den ______________________ des Bluts. Und unten kann man den Blutdruck ______________________. Der ist gerade 127 zu 83, also kein Grund zur Sorge. Auch alle anderen Werte sind in Ordnung.

Ehefrau: Na, dann bin ich ja beruhigt! Vielen Dank für die Auskunft.

Frau Fischer: Gerne. Keine ______________________.

Körperpflege

1. Betten machen.

Ordnen Sie die Verben zu.

• treten • aufschütteln • flach stellen • auffüllen • ~~frisch beziehen~~ • glatt ziehen • anbringen

a den Wäschewagen ______

b das Laken/Stecklaken ______

c das Bettenseitenteil/Bettgitter ______

d die Bettdecke *frisch beziehen*

e auf die Bremse ______

f das Kopfkissen ______

g das Kopfteil ______

2. Final.

Schreiben Sie die finalen Nebensätze mit zu + nominalisiertem Infinitiv.

1. Wir kommen, um Ihre Betten zu beziehen.
Wir kommen zum Beziehen Ihrer Betten.

2. Um das Kopf- oder Fußteil zu verstellen, brauchen Sie die Fernbedienung.
______

3. Um das Bettgitter anzubringen, bräuchte ich kurz deine Hilfe.
______

4. Um das Kopfteil flach zu stellen, drücken Sie hier auf den Knopf.
______

5. Um das Bett zu beziehen, hole ich noch schnell frische Bettwäsche.
______

3. Was brauchen Sie zum ...?

Bilden Sie wie im Beispiel mit einem passenden Wort aus dem Kasten einen Satz.

• der Rasierapparat • die Nagelfeile • die Haarbürste • der Föhn • die Zahnbürste • das Duschgel

1. abtrocknen / brauchen: *Zum Abtrocknen brauche ich ein Handtuch.*
2. rasieren / benutzen: ______
3. kämmen / nehmen: ______
4. Nägel pflegen / verwenden: ______
5. Zähne putzen / brauchen ______
6. duschen / verwenden ______
7. Haare trocknen / benutzen: ______

4. Noch mehr Pflegemittel.

Wozu braucht man ...? Fragen und antworten Sie in der Lerngruppe wie im Beispiel.

+ *Wozu braucht man einen Nassrasierer? - Um sich zu rasieren. / Zum Rasieren.*

1 der Nassrasierer	die dritten Zähne	das Rasierwasser
2 die Zahnpasta	der Zahnputzbecher	die Köperlotion
3 der Kamm	das Deodorant (Deo)	der Nagelknipser
4 das Parfüm	der Waschlappen	die Seife
5 die Nagelschere	die Zahnprothese / das Gebiss	die Rasiercreme

5. Dativ oder Akkusativ?

Ergänzen Sie die Personalpronomen in der richtigen Form.

1. Ich schüttle *Ihnen* das Kopfkissen ein bisschen auf. (Sie)
2. Können ________ ________ die Bettdecke frisch beziehen? (Sie – ich)
3. Ich hänge ________ die Glocke etwas tiefer, damit Sie besser drankommen. (Sie)
4. Kannst du ________ schnell ein kleines Kopfkissen für Frau Ehrmann bringen? (ich)
5. Ich hole ________ in einer Stunde wieder vom Frisör ab. (Sie)
6. Schwester, geben ________ ________ doch bitte mein Gebiss. Es liegt im Bad am Spiegel. (Sie – ich)
7. Apropos Frau Heine. Hast du ________ schon eine zweite Bettdecke gebracht? ________ ist kalt. (sie – sie)
8. Wo ist denn Herr Mahler? Ich wollte ________ den Blutdruck messen. Hast du ________ gesehen? (er – er)
9. Hol ________ doch bitte ein Bettenseitenteil aus dem Lagerraum. Ich brauche ________ für Frau Ploch. (ich – es)

6. Fragesätze.

Bilden Sie aus den Satzbausteinen Fragen. Beantworten Sie diese und ersetzen Sie dabei das Subjekt und Akkusativobjekt durch ein Pronomen.

1. Ihre Mutter – die Ohren – mit einem Wattestäbchen – sich sauber machen?
   ▽ *Macht sich Ihre Mutter die Ohren mit einem Wattestäbchen sauber?*
   • *Ja, sie macht sie sich mit einem Wattestäbchen sauber.*
2. Frau Grau – die Nase – sich putzen – möchten
   ▽ ________
   • *Ja,* ________
3. nach dem Duschen – Herr H. – die Haare – sich föhnen?
   ▽ ________
   • *Natürlich* ________
4. Sie – das Gesicht – sich waschen – mit einem Waschlappen?
   ▽ ________
   • *Ja,* ________
5. Ihr Vater – den Bart – sich rasieren – selbst?
   ▽ ________
   • *Ja, normalerweise* ________
6. immer – du – sich eincremen – die Hände - nach dem Desinfizieren?
   ▽ ________
   • *Klar,* ________

7. Pantomime.

Bestimmen Sie einen Spielleiter und bilden Sie zwei Gruppen. Nur der Spielleiter liest die Aufgabe. Alle anderen Teilnehmer drehen das Blatt um.

Spielleiter: Bitten Sie einen Teilnehmer aus einer Gruppe nach vorne, nennen Sie ein Personalpronomen (ich, du, er, sie/Sie, wir, ihr, sie/Sie) und zeigen Sie mit dem Finger auf eine Handlung in den Beispielen unten. Der Teilnehmer stellt dann die Handlung pantomimisch dar.

Gruppen: Wer die Handlung am schnellsten errät und anschließend damit einen korrekten Satz formuliert (siehe Beispiel), bekommt einen Punkt für seine Gruppe.

Aus jeder Gruppe muss abwechselnd ein Teilnehmer eine Handlung pantomimisch darstellen.

du: sich die Zähne putzen *HS: Du putzt dir die Zähne*

Beispiele: sich die Ohren sauber machen, sich die Nase putzen, sich die Haare föhnen, sich duschen, sich die Lippen schminken, sich den Bart rasieren, sich die Haare waschen, sich die Fußnägel schneiden, sich den Rücken abtrocknen, sich die Hände eincremen, sich Deo unter die Achsel sprühen, sich die Nägel lackieren ...

8. Die Haut.

Ergänzen Sie mit passenden Begriffen aus dem Kasten.

• Delle (f) • Hämatom (n) • trocken • zyanotisch • Hornhaut (f) • Intertrigo (f) • Brandblase (f) • Hautfalte (f) • Pigmentfleck,-en (m) • rissig

1. Frau M. klagt über Hautrockenheit und Hautrisse. Ihre Haut ist ________ und ________.
2. Ich gehe regelmäßig zur Fußpflege, damit ich keine ________________ bekomme.
3. Marion hat sich an der Hand verbrannt. Sie hat eine ________________.
4. Herr K. ist hingefallen und hat einen blauen Fleck am Oberschenkel. Er hat ein ________________.
5. Frau F. hat viele braune Flecken auf der Hand und im Gesicht. Sie hat ________________.
6. Ihre Haut ist schlecht durchblutet und ganz blau. Die Haut ist ________________.
7. Bei Frau M. ist die Haut an den Fußknöcheln durch Ödeme stark gespannt. Drückt man die Haut an dieser Stelle ein, bleibt eine ________________ zurück, die nur langsam verschwindet.
8. Bei Frau K. ist die Hautspannung vermindert. Bildet man eine ________________, bleibt sie einige Sekunden stehen.
9. Frau Pals Hautfalten unter der Brust sind wund. Sie hat eine ________________.

9. Kleidung.

Ergänzen Sie. Achten Sie auf die korrekte Form.

• Schnürsenkel • Jogginganzug • Nachthemd • Unterwäsche • Hosenträger • Knopf • Gürtel • Krawatte • Schlafanzug • binden • Klettverschluss • schlüpfen • Reißverschluss • zuknöpfen

1. Unsere Tochter mag keine N________________. Sie trägt nur Sch________________.
2. Ich habe nur U________________ aus Baumwolle an, weil ich die auf 60 °C kochen kann.
3. Mein Vater kann sich wegen seiner Arthrose die Schuhe schlecht b________________. Deshalb hat er nur Schuhe ohne Sch________________, also mit K________________.
4. Er trägt jeden Sonntag ein Hemd mit K________________.
5. Wenn ich nicht außer Haus gehe, s________________ ich gleich morgens in meinen J________________.

6. Mein Vater trägt nie einen G________________. Er trägt am liebsten H________________.

7. Ich kaufe mir nur noch Jacken mit R________________, weil ich K________________ so schlecht auf- und ________________ kann.

10. Wortbildung.

Ergänzen Sie das entsprechende Verb/Nomen.

anleiten	die Anleitung	________	der Wechsel
waschen	________	________	die Rasur
unterstützen	________	________	die Pflege
________	die Übernahme	spülen	________
beaufsichtigen	________	durchführen	________

11. Definitionen in der Pflege.

Welche Nomen aus 10 passen? Ordnen Sie zu.

1. ________________ bedeutet, einem Patienten Schritt für Schritt mit Worten und Gesten zu erklären, was er tun muss.
2. ________________ heißt, dass man einem Patienten Materialien und Utensilien für eine Handlung bereitstellt oder aufräumt, wie z.B. das Waschwasser zum Waschen.
3. ________________ meint, dass ein Patient die Handlung nicht ausführen kann und die Pflegekraft diese komplett oder teilweise für ihn macht. (teilweise oder voll)
4. ________________ bedeutet, dass ein Patient die Handlung allein ausführt, aber die Pflegekraft dabei ist und die Handlung kontrolliert, z. B. die Rasur.

12. Definitionen.

Welche Definitionen aus 11 passen? Ordnen Sie zu.

1. Frau G. wurde am Waschbecken gewaschen. Sie wäscht sich jedoch die Hände und das Gesicht selbstständig.

   ____

2. Herrn K. wurden zum Rasieren ein Nassrasierer, Rasierschaum, Wasser und ein Handtuch gebracht.

   ____

3. Schwester Karin hat Frau M. erklärt, wie sie ihre Zahnprothese reinigt und richtig in den Mund einsetzt.

   ____

4. Herr M. hat sich heute das erste Mal allein rasiert. Der Pflegefachmann Jürgen Scholz war bei ihm.

   ____

5. Frau A. war heute sehr schwach und wurde deshalb von Esther Pawlak im Bett gewaschen.

   ____

6. Esther Pawlak hat heute Herrn H. auf Zimmer 112 die Haare im Bett gewaschen. ________________
7. Frau K. musste heute zum Röntgen. Pfleger Jürgen hat ihr einen Rollstuhl gebracht, weil sie nicht gut gehen kann.

   ____

13. Grundpflege oder Behandlungspflege.

Welche Definition passt? Ordnen Sie zu.

Zur medizinischen ____________________ gehören alle Tätigkeiten, die auf ärztliche Anordnung am Patienten von einer examinierten Pflegefachperson durchgeführt werden dürfen. Dazu gehören z.B. das Blutzuckermessen, die Wundversorgung, die Verabreichung von Medikamenten oder die Dekubitusbehandlung.

Zur ____________________ dagegen zählen Tätigkeiten wie Körperpflege, Ernährung, Prophylaxen sowie Unterstützung bei der Mobilisation. Auch die Förderung von alltäglichen Fähigkeiten und Kommunikation fallen darunter. Sie dürfen von Krankenpflegeassistent:innen, Angehörigen oder Betreuern durchgeführt werden.

EXTRA

Patienteninformation. So sind Sie gut auf Ihren Operationstag vorbereitet.

a. Ordnen Sie folgende Überschriften den Textabschnitten zu. Eine Überschrift passt nicht.

• Nahrungskarenz • Prämedikation • Körperreinigung • Operationsfeld vorbereiten • Hilfsmittel und Schmuck

Bitte beachten Sie folgende Regeln für den Tag Ihrer Operation:

Am Abend zuvor oder am Morgen sollten Sie sich gründlich duschen, die Haare waschen, Ihre Finger- und Fußnägel schneiden und danach frische Kleidung anziehen. So verhindern Sie, dass Keime in den Operationssaal gelangen.

Verwenden Sie bitte keine Gesichts- oder Körpercremes. Pflaster können durch die fettige Substanz der Cremes nicht gut haften. Sie sollten sich vor der OP auch nicht selbst rasieren, denn kleinste Schnittverletzungen sind ein ausgezeichneter Nährboden für Bakterien.

Verzichten Sie am Tag Ihrer OP auf Make-up, entfernen Sie Nagellack und auch künstliche Fingernägel. Das hat nicht nur hygienische Gründe: Das medizinische Team erkennt an Ihrer Gesichtsfarbe und der Hautfarbe Ihres Nagelbetts bei der Operation schnell, wie gut Ihre Durchblutung ist.

Was bedeutet „nüchtern sein“? In der Regel dürfen Sie sechs Stunden vor der Narkose nichts mehr essen und auch keinen Kaugummi kauen. Es könnten sonst Magensaft und Speisereste in die Lunge gelangen und dort eine Entzündung auslösen.

Beachten Sie bitte, dass auch trübe Flüssigkeiten wie Milch und Smoothies als Nahrung gelten. Bis zu zwei Stunden vor der OP dürfen Sie noch etwas Wasser oder Tee trinken.

Achten Sie darauf, dass Sie lockere Zahnprothesen oder -spangen vor der Operation herausnehmen. Unter Umständen könnten diese in die Atemwege gelangen. Haarteile, Kontaktlinsen oder Brillen haben ebenfalls nichts im OP-Saal zu suchen. Und auch Schmuck oder Piercings müssen nicht nur aus hygienischen Gründen abgelegt werden. Muss nämlich der Arzt Blutgefäße veröden, wird der Strom, den er dabei verwendet, durch den Körper geleitet und kann an den Hautstellen mit Schmuck zu Verbrennungen führen.

Am OP-Tag bekommen Sie vom Pflegepersonal ein OP-Hemd. Ungefähr eine Stunde vor Ihrer OP erhalten Sie noch eine Tablette zur Beruhigung, die Sie mit einem kleinen Schluck Wasser einnehmen dürfen. Danach sollten Sie nicht mehr alleine aufstehen.

b. Sprechen. Informieren Sie eine junge Patientin am Abend vor ihrer Schulteroperation links, was sie bezüglich ihrer Körperpflege, Nahrungsaufnahme und Medikation tun muss.

Ernährung und Ausscheidung

1. Rund ums Essen.

a. Berichten Sie im Kurs, welche Lebensmittel Sie zum Frühstück, Mittagessen und Abendessen zu sich nehmen.

b. Ergänzen Sie.

• Süßstoff • Nachtisch • Kondensmilch • Portion • Vorspeise • Beilage

1. Als ______________________ bieten wir täglich verschiedene Suppen an.
2. Für das Hauptmenü können Sie als ______________________ Kartoffeln, Reis, Nudeln oder Spätzle wählen.
3. Als ______________________ haben Sie die Wahl zwischen Gebäck, Pudding oder Obstsalat.
4. Ich habe nicht so viel Hunger. Kann ich auch eine kleinere ______________________ haben?
5. Möchten Sie für den Kaffee ______________________ oder lieber H-Milch?
6. Schwester, könnte ich auch ______________________ statt Zucker bekommen?

c. Ergänzen Sie den Text mit passenden Begriffen. Achten Sie auf die korrekte Form.

• ungesüßt • roh • ausgewogen • Vitamine • Speiseplan • Gemüse • versteckt • Süßes • Trinkmenge

Für eine ______________________ Ernährung ist die Flüssigkeitszufuhr sehr wichtig. Ernährungswissenschaftler empfehlen pro Tag eine ______________________ von 1,5 Litern. Das sollten möglichst ______________________ Getränke sein. Obst und ______________________ sollte man schonend zubereiten oder ______________________ zu sich nehmen, damit nicht alle ______________________ und Mineralstoffe beim Kochen verloren gehen. Milchprodukte, Fisch, Fleisch und Eier gehören ebenfalls auf einen ausgewogenen ______________________. In vielen Lebensmitteln finden sich ______________________ Fette und versteckter Zucker. Deshalb sollte man auf ______________________ oder fetthaltige Nahrungsmittel verzichten.

EXTRA 1

Hilfsmittel bei der Nahrungsaufnahme. Welche Ess- oder Trinkhilfe passt?

• Trinkbecher (m) • Thermoteller (m) • Antirutsch-Tischset (n) • Tellerranderhöhung (f) • Spezialbesteck (n) • Essschürze (f)

1. Frau Hassler isst selbstständig, aber sehr langsam. Deshalb bekommt sie ihr Essen auf einem ______________________, damit es nicht so schnell kalt wird.
2. Wir verwenden für unsere Bewohner ein ______________________, damit ihnen ihre Teller nicht wegrutschen.
3. Herr Jakobs möchte zum Essen immer eine ______________________ anlegen, damit er seine Kleidung nicht beschmutzt.
4. Frau Steiner leidet an einer starken Arthrose. Damit sie ohne Hilfe essen kann, braucht sie ein ______________________.
5. Bewohner, die einen starken Tremor haben, trinken aus einem ______________________ mit zwei Griffen.
6. Seit meine Mutter mit einer ______________________ isst, schiebt sie ihr Essen nicht mehr vom Teller auf den Tisch, sondern es fällt ihr vom Rand auf den Löffel oder die Gabel.

2. Anders als gedacht!

a. Bilden Sie Sätze mit den Angaben in der Klammer.

1. ich – essen – zwei Portionen // ich – immer noch – nicht satt sein (obwohl, Perfekt // Präsens)
Obwohl ich zwei Portionen
2. er – trinken – viel Tee // er – noch kein Wasser lassen – können (dennoch, Perfekt // Präsens)
3. der Arzt – verbieten – ihm – Süßes // er – oft – eine Tafel Schokolade – essen (obwohl, Perfekt // Präsens)
4. ich – täglich Deo – benutzen // ich – riechen nach – Schweiß (obwohl, Präsens)
5. Sie – Kopfschmerzen – haben // Sie – dürfen – kein Aspirin – einnehmen (auch wenn, Präteritum)
6. Herr Maas – untergewichtig sein // ablehnen – hochkalorische Kost (obwohl, Präsens)

b. Ergänzen Sie zur Präposition das Nomen in der richtigen Form und formulieren Sie den Satz im Präteritum.

1. trotz (meine Überstunden) – ich – letzte Woche – nicht frei bekommen
Trotz meiner Überstunden
2. trotz (sein Übergewicht) – er – keine Diät – machen – wollen
3. selbst bei (starke Rückenschmerzen) – sie – gehen – nicht – zum Arzt
4. trotz (erhöhter Blutdruck) – ich – jeden Tag – trinken – vier Tassen Kaffee
5. selbst bei (Appetitlosigkeit) – sie – sich zwingen – ein bisschen – zu essen
6. trotz (pürierte Kost) – Frau Kohler – sich verschlucken – noch oft – beim Essen

3. Wortschatz.

Welches Wort passt *nicht?* **Streichen Sie durch.**

1. Soll ich Ihnen ein Glas Wasser nachschenken / einschenken / zuschenken?
2. Entschuldigung, ich habe den Kaffee umgeschüttet / aufgeschüttet / verschüttet.
3. Können Sie mir bitte den Tisch ausklappen / zuklappen / verklappen?
4. Möchten Sie die Tomatensuppe probieren / versuchen / auskosten?
5. Soll ich Ihnen das Brötchen schmieren / bestreichen / umrühren?

4. Dialoge spielen.

Wählen Sie eine Situation in der Rolle als Patient oder Pflegefachperson (PFP) aus und suchen Sie sich einen Dialogpartner, der auf Ihre Aussage reagiert. Tragen Sie den Dialog vor.

Situation 1	
Patient: Sie dürfen nicht essen, weil Sie morgen früh eine OP haben. Fragen Sie die Pflegefachperson, wann und was Sie nach der OP essen dürfen. Was passiert mit Ihrem Essen? Wann dürfen Sie wieder trinken und was?	**PFP:** Ihr Patient muss bis 6 Stunden nach der OP nüchtern bleiben. Er bekommt erst Schonkost, also leicht verdauliche Kost. Sie haben das Essen bereits umbestellt. Erklären Sie ihm das.

Situation 2	
Patient: Sie haben seit gestern Probleme mit dem Magen. Vielleicht bekommt Ihnen das Essen nicht. Fragen Sie die Pflegefachperson, was man tun könnte. Anderes Essen und Getränke?	**PFP:** Ihr Patient soll Wunschkost bekommen. Er hat seit seiner OP keinen Appetit und soll zunehmen. Fragen Sie ihn nach seinen Lieblingsspeisen.

Situation 3	
Patient: Sie haben Kaubeschwerden, weil Sie Probleme mit Ihrer Zahnprothese haben. Fragen Sie eine Pflegefachperson nach einer Lösung.	**PFP:** Ein Patient beschwert sich über das Frühstück. Nur Brot, Marmelade und Honig. Zeigen Sie Verständnis und bieten Sie ihm etwas anderes zum Frühstück an.

Situation 4	
Patient: Die Pflegeassistentin bringt Ihnen das Abendessen. Bitte Sie um mehr Brot und Butter. Außerdem möchten Sie gern einen Pfefferminztee.	**PFP:** Ihr Patient möchte mehr Brot und Butter zum Frühstück. Er hat Diabetes mellitus und ist übergewichtig. Erklären Sie ihm, warum das nicht geht.

REDEMITTEL

- Hätten / möchten Sie lieber ...?
- Soll ich Ihnen statt ... lieber ... bringen / bestellen?
- Was schmeckt Ihnen besonders gut? / Was ist Ihre Lieblingsspeise / Ihr Lieblingsessen?
- Es tut mir leid, aber Sie dürfen wegen ... Sie könnten aber dafür gerne ...
- Ich kann verstehen, dass Ihnen ... nicht schmeckt, aber der Arzt hat angeordnet, dass ...
- Leider kann ich Ihnen nur ... anbieten / gibt es nur ... / stehen nur ... auf dem Speiseplan.

5. Rätsel.

Ergänzen Sie die fehlenden Wörter im Text und im Wortgitter.

1. Eine Kostform für Diabetiker: ______________________.
2. Möchten Sie zum Essen ______________________? Ich bringe Sie an den Tisch.
3. Schwester, bitte ______________________ Sie mir den Nachtschrank ans Bett.
4. Frau D. möchte nichts essen. Sie klagt über ______________________.
5. Frau Meier kann das Fleisch nicht schneiden. Sie braucht ______________________.
6. Frau Klose wird heute entlassen. Hast du die v______________________ Kost schon abbestellt?
7. Frau Meier auf Zimmer 12 hat erhöhte Cholesterinwerte. Sie bekommt deshalb ______________________ Kost.
8. Soll ich Ihnen das ______________________ hochstellen?
9. Ich habe so Blähungen nach dem Essen. Könnte ich bitte ______________________ bekommen?
10. Herr Munzer kann nicht aus dem Glas trinken. Er braucht einen ______________________.
11. Patienten mit starken Schluckbeschwerden bekommen ______________________ Kost.
12. Frau Kiener, soll ich Ihnen das Brot ______________________?
13. Herr Braun hat morgen eine OP. Er muss ______________________ bleiben.

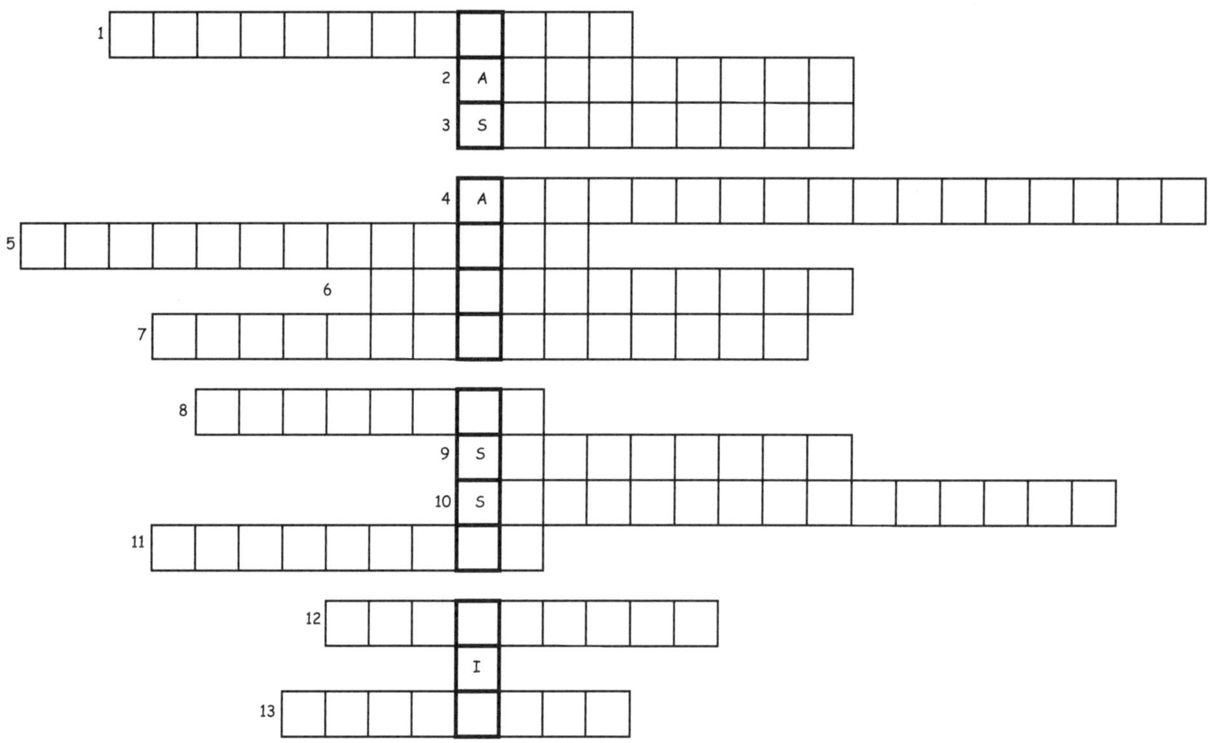

Sprichwort: ____.

6. Bilanzbogen.

Lesen Sie das Protokoll und erstellen Sie eine Bilanz.

In einem Bilanzbogen dokumentieren Pflegende die Menge und Häufigkeit der Blasenentleerung sowie die Flüssigkeitszufuhr und eventuelles Einnässen in Einlagen oder Kleidung.

Bilanzbogen

Name: Mechter Vorname: Anna Datum: 22.5.2023							
EINFUHR				AUSFUHR			
Frühdienst							
Uhrzeit	**Getränk/Infusionslösung/Sondenkost (in ml)**		**HZ**	**Uhrzeit**	**Urin/sonstige Ausfuhr (in ml)**		**HZ**
7 Uhr	Tee	150	jl	9 Uhr	Urin	400	ks
8 Uhr	Milchkaffee	300	ks	11 Uhr	Urin (Vorlage)	600	ks
10.30 Uhr	Vollelektrolyte (i.v.)	500	ks	13 Uhr	Urin	150	ks
12 Uhr	Brühe	200	ks				
12.30 Uhr	Mineralwasser	150	ks				
Insgesamt				**Insgesamt**			
Spätdienst							
Uhrzeit	**Getränk/Infusionslösung/Sondenkost (in ml)**		**HZ**	**Uhrzeit**	**Urin/sonstige Ausfuhr (in ml)**		**HZ**
14.30 Uhr	Milchkaffee	200	wd	16 Uhr	Urin (Vorlage)	400	wd
16 Uhr	Saftschorle	200	wd	19 Uhr	Urin	450	wd
18 Uhr	Bier	500	wd				
21 Uhr	Mineralwasser	150	wd				
Insgesamt				**Insgesamt**			
Nachtdienst							
Uhrzeit	**Getränk/Infusionslösung/Sondenkost (in ml)**		**HZ**	**Uhrzeit**	**Urin/sonstige Ausfuhr (in ml)**		**HZ**
22.30 Uhr	Mineralwasser	200	as	22 Uhr	Urin	350	as
3 Uhr	Mineralwasser	100	as	2.30 Uhr	Urin (Vorlage)	200	as
Insgesamt				**Insgesamt**			
SUMME				**SUMME**			
TAGESBILANZ					**ml**		

EXTRA 2

Flüssigkeiten bilanzieren.

Was und womit wird dem Körper etwas zugeleitet oder abgeleitet? Ordnen Sie zu.

Ableitung oder **Zuleitung** mit:

• die (Redon-)Drainage, -n • der ZVK (zentrale Venenkatheter) • der Blasenkatheter • die Magensonde, -n • Harn (m) • ~~Mageninhalt (m)~~ • Blut/Wundsekret (n) • Nahrung (f) • Infusionen (Pl.) • ~~die Transfusion einer Blutkonserve (f)~~

1. *Ableitung* von *Mageninhalt* über einen Schlauch im Magen

mit ______________________________.

2. ______________ von ______________ über einen Schlauch im Magen

mit ______________________________.

3. ______________ von ______________ über einen Schlauch in einer Wunde

mit ______________________________.

4. ______________ von ______________ über einen Schlauch in einer Vene

mit ______________________________.

5. ______________ / *Transfusion einer Blutkonserve* über eine Kanüle in einer Vene.

6. ______________ von ______________ über einen Schlauch in der Blase

mit ______________________________.

7. Informieren und nachfragen.

Bildén Sie Sätze. Achten Sie auf die Angabe in der Klammer.

1. Sie – beim Wasserlassen – noch – ein Brennen – spüren? (Präsens)

____

2. Ihr – Urin – noch – blutig – sein – und – stark konzentriert. (Perfekt)

____

3. Ihr Stuhl – untersuchen auf – müssen – vom Labor – verstecktes Blut. (Passiv Präsens)

____

4. Sie – abgeben – Ihr Stuhlproberöhrchen – schon – heute Morgen? (Perfekt)

____

EXTRA 3

Ausscheiden.

In der Umgangssprache gibt es im Zusammenhang mit Ausscheidungen der Blase, des Darms und des Munds viele Begriffe. Was ist gemeint? Verbinden Sie. Welche Begriffe in der linken Spalte sollten Sie verstehen, aber selbst nicht verwenden?

Das hören Sie vielleicht manchmal:	Das ist damit gemeint:
1. Ich muss mal pinkeln.	
2. Mein Vater erledigt gerade sein Geschäft.	
3. Mein Sohn hat schon wieder groß ins Bett gemacht.	
4. Mama, ich muss dringend Pipi machen!	einnässen
5. Ich bin fertig mit Kacken! *(derb)*	urinieren, Wasser lassen
6. Wo ist denn hier das Klosett? Ich muss mal austreten.	einkoten
7. Wo kann ich denn hier meine Notdurft verrichten?	abführen, den Darm entleeren
8. Papa, ich muss Aa machen!	zur Toilette gehen
9. Am Tag meiner Chemo muss ich immer speien.	Durchfall, Diarrhoe
10. Meine Frau hat schon wieder ins Bett gepieselt.	erbrechen, sich übergeben
11. Ich muss mal auf den Lokus. Wo finde ich den?	
12. Mir ist schlecht. Ich glaube, ich muss kotzen!	
13. Mein Mann hat schon wieder Dünnpfiff.	
14. Schon wieder Dünnschiss! Ich werd' noch verrückt!	

Prophylaxen Teil 1

1. Fachtexte verstehen.

Lesen Sie den Text. Welche Überschrift passt am besten zu Abschnitt 1 und 2? Wählen Sie.

✓ Tipps zur Anwendung ✓ Wirkungsweise von Abführmitteln

✓ Nebenwirkungen von Laxanzien ✓ Natürliche Mittel und alte Hausmittel

Abschnitt 1:

____

Als altes Hausmittel gegen Verstopfung ist Leinsamen bekannt. Die Samen quellen im Darm auf und regen auf diese Weise die Verdauung an. Ebenso eignen sich getrocknete Pflaumen oder Feigen, die man am besten in einem Glas Wasser aufweicht. Pflanzliche Abführmittel, zu denen zum Beispiel Aloe zählt, verhindern, dass die Darmschleimhaut Wasser und Elektrolyte aufnimmt. Dadurch sammelt sich vermehrt salzhaltiges Wasser im Verdauungstrakt, was die Darmentleerung beschleunigt. Vorsicht! Auch pflanzliche Mittel dürfen nicht über einen längeren Zeitraum ohne ärztlichen Rat eingenommen werden. Chemische Wirkstoffe wie Bisacodyl, die genauso, aber schneller wirken, sollten nur kurzfristig angewendet werden.
Eine Alternative ist Lactulose, die Wasser bindet und den Stuhl weich macht. Allerdings berichten Patienten bei diesem Arzneistoff häufig von einem Nebeneffekt, nämlich Blähungen.
Zäpfchen oder Klistiere bilden im letzten Darmabschnitt einen gleitfähigen Film auf der Darmwand und bewirken, dass sich der Darminhalt entleert.

Abschnitt 2:

____

Sehr schnell wirken die Mittel, die Sie als Zäpfchen oder Einlauf (Klistier, Klysma) einführen. Benutzen Sie ein Zäpfchen oder einen Einlauf, bleiben Sie also besser in Toilettennähe.
Nehmen Sie die Arznei als Tablette oder Lösung ein, müssen Sie sich eine Weile gedulden. Je nach Präparat dauert es zwischen sechs und zehn Stunden, bis der abführende Effekt eintritt. Deshalb das Mittel am besten abends vor dem Schlafengehen einnehmen.
Bei Leinsamen oder indischem Flohsamen kann es zwei bis drei Tage dauern, bis Sie abführen. Nehmen Sie diese am besten zusammen mit einem Jogurt oder Müsli zu sich, und trinken Sie unbedingt genügend, sonst kann ein Darmverschluss drohen.

2. Synonyme.

Welche der markierten Ausdrücke aus 1 haben die gleiche Bedeutung? Ergänzen Sie.

1. stimulieren – ______________
2. Stuhlgang haben – ______________
3. ausreichend – ______________
4. Dörrobst – ______________
5. an Volumen zunehmen – ______________
6. Ileus – ______________
7. Winde – ______________
8. über einen kurzen Zeitraum – ______________
9. eine Zeit lang – ______________
10. gehören (zu) – ______________
11. schneller machen – ______________
12. Kot/Stuhl – ______________

3. Mundpflege

a. Lesen Sie die Tabelle.

Problem	Maßnahmen
Trockener Mund	Ausreichende Flüssigkeitszufuhr Mundspülung mit Wasser oder Tee nach Wunsch Auswischen der Mundhöhle mit geeigneten Lösungen, z. B. Kamille- oder Salbeitee Einsatz von künstlichem Speichel, z. B. Glandosane® Stimulation der Speichelproduktion (siehe unten) **Cave:** Chemische Mittel beeinflussen die Mundflora Erhöhung der Luftfeuchtigkeit mit Ultraschallvernebler
Trockene Lippen, Rhagaden	Einfetten der Lippen mit Dexpanthenol-Salbe
Schleimhautbeläge	Bei V. a. Soor: Abstrich auf Pilze und ggf. lokale Antimykotika Auswischen der Mundhöhle mit verdünnter Kamillenlösung, Salbeitee oder Wasserstoffsuperoxyd (Verdünnung beachten!)
Borkige Zungenbeläge	Behandlung mit Fett, Dexpanthenol-Salbe Aufweichen von hartnäckigen Borken mit Mundpflegelösung
Zäher Speichel Verminderte Speichelproduktion	Ausreichende Flüssigkeitszufuhr Salzhaltige Zahnpasta, z. B. Sole-Zahncreme Massage der Ohr- und Kieferspeicheldrüse Mundspülung mit Zitronen- oder Traubensaft Stimulation über den Geruchssinn mit ätherischen Ölen (Pampelmusen-, Zitronen-, Orangenöl) Lutschen zerstoßener Eiswürfel mit wenigen Tropfen Zitronensaft Kauen von Kaugummi oder Brotrinde
Schmerzen Brennen im Mund	Meiden scharf gewürzter Nahrungsmittel Verabreichung von weicher oder pürierter Kost Kein Alkohol und nicht rauchen Gabe von anästhesierenden Lutschtabletten, Auspinseln mit Tinkturen
Läsionen von Schleimhaut, Zahnfleisch und Zunge	Bepinselung mit Myrrhetinktur Spülungen mit Kamille

b. Wählen Sie ein Problem aus. Erklären und begründen Sie dem Patienten, welche Maßnahmen Sie/der Patient ergreifen können und wie Sie/er vorgehen müssen/muss. Die Redemittel helfen Ihnen.

Prophylaxen Teil 1

REDEMITTEL

- Herr/Frau ..., ich möchte bei Ihnen eine Mundpflege durchführen, weil ...
- Herr/Frau ... Sie haben .... Deshalb werde Ich Ihre Lippen / Ihren Mund mit ...
- Ihre Mundschleimhaut ist ja ... Deshalb möchte ich ...
- Sie haben leider Beläge auf der Zunge. Deshalb muss ich ...
- Dazu müssen Sie bitte Ihren Mund / machen Sie bitte Ihren Mund auf...
- Ich wische jetzt ganz vorsichtig mit ...
- Sie sollten (weder ... noch...) ...
- Es ist wichtig, dass ...

4. Der Komparativ.

Verbinden Sie die Sätze mit je ... desto/umso.

1. Sie nehmen Abführmittel ein. Sie schaden Ihrem Darm.

____

2. Sie essen ballaststoffreich. Ihre Verdauung wird gut.

____

3. Sie spülen den Mund häufig mit Salbeitee. Sie regen Ihren Speichelfluss an.

____

4. Sie entlasten gefährdete Körperstellen stark. Das Risiko eines Druckgeschwürs ist gering.

____

5. Wir müssen dokumentieren. Wir haben wenig Zeit für unsere Patienten.

____

6. Sie bewegen Ihre Gelenke wenig. Die Gefahr ist groß, dass sich Ihre Muskeln und Sehnen verkürzen.

____

5. Verb und Partizip II, aber als Adjektiv.

Ergänzen Sie.

der Verlust – *verlieren* – *verlorene* Hautschichten

die Zerstörung – ______________ – ______________ Epidermis

die Schädigung – ______________ – ______________ Oberhaut

die Bildung – ______________ – ______________ Blasen

die Abschürfung – ______________ – ______________ Haut

die Verhärtung – ______________ – ______________ Hautregion

die Überwärmung – ______________ – ______________ Haut

die Rötung – sich ______________ – ______________ Stelle

6. Dekubitusgefahr.

Welche Körperstellen eines bettlägerigen Patienten sind besonders gefährdet? Ordnen Sie diese der Zeichnung zu.

Dekubitusgefährdete Stellen in Rücken- und 90°-Seitenlage

der Hinterkopf
die Ohrmuschel, -n
das Schulterblatt, -blätter
die Wirbelsäule
das Kreuz- und Steißbein
der Ellenbogen, -
der Trochanter, -
das Knie
der Fußknöchel, -
die Ferse, -n

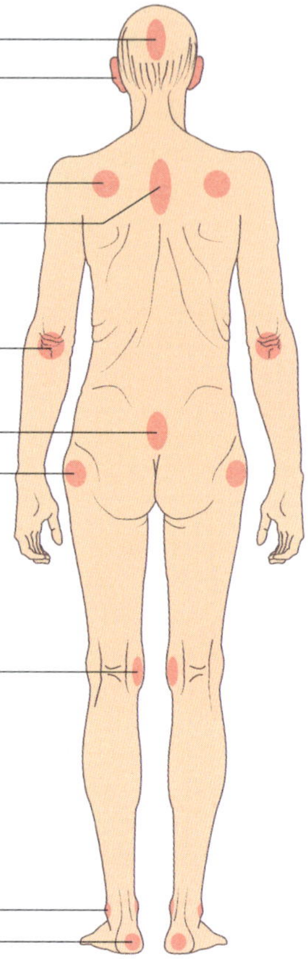

7. Entstehung eines Dekubitus

Eine lokal begrenzte Schädigung der Haut (Epidermis und Dermis) und/ oder des darunter liegenden Gewebes (z. B. Fettgewebe, Muskulatur) wird als Dekubitus definiert. Ein Dekubitus entsteht in der Tiefe, besonders über Knochen, die mit sehr wenig Fettpolster und Muskeln umgeben sind.

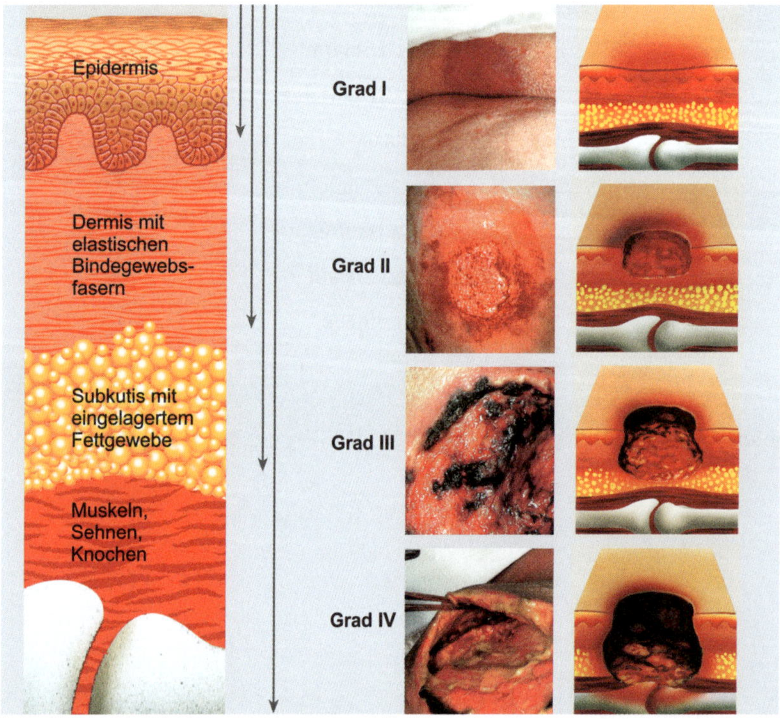

Prophylaxen Teil 1

Ergänzen Sie den Text mit folgenden Faktoren, die im Zusammenhang mit der Entstehung eines Dekubitus stehen.

• Druck • Druckdauer • Druckstärke • Reibung • Scher- und Zugkräfte • Mikroklima

Ein dauerhafter senkrechter (1) ________ auf Gewebe führt zu einer Minderdurchblutung bis hin zu einer fehlenden Durchblutung des Gewebes. Druck zerstört außerdem Hautzellen und besonders schnell Muskelzellen. Er kann sowohl von außen (Körpergewicht, Unterlage bzw. Liege-/Sitzfläche) als auch von innen (Knochen ohne/mit wenig Fettgewebe, Muskulatur) wirken.

Je kleiner dabei die Fläche ist, auf die ein Druck wirkt, desto größer ist der Druck bzw. die (2) ________________ auf diese Fläche. Bei einer 90 Grad -Positionierung ist er z. B. wesentlich höher als in der flachen Rückenlage. Auch die Unterlage spielt hier eine große Rolle, denn je härter eine Unterlage ist, desto höher ist die Intensität. Zu dem Faktor Intensität kommt noch der Faktor Zeit bzw. (3) ________________. Denn nicht nur je stärker, sondern auch je länger Druck auf Gewebe einwirkt, desto wahrscheinlicher ist es, dass dort Druckschäden entstehen.

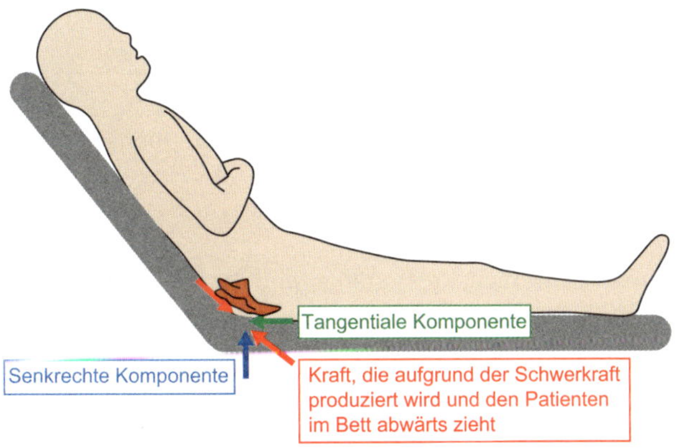

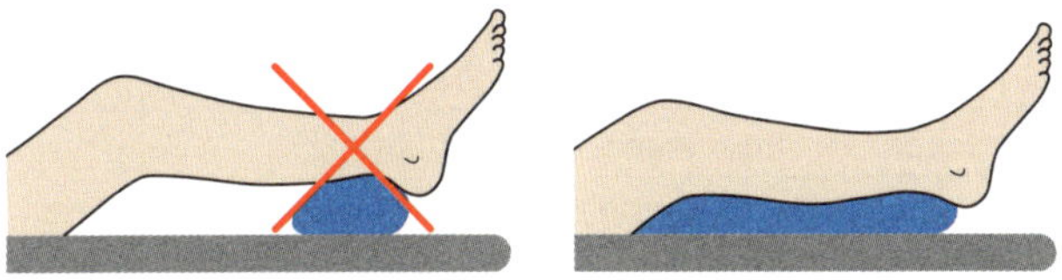

$$\text{Druck} = \frac{\text{Senkrechte Komponente}}{\text{Kontaktfläche}}$$

$$\text{Scherbeanspruchung} = \frac{\text{Tangentiale Kraftkomponente}}{\text{Kontaktfläche}}$$

Rutscht ein Patient zum Beispiel im Sitzen nach unten, oder wird er beim Umpositionieren gezogen, verschieben sich die Gewebeschichten gegeneinander. Man spricht hier von (4) ________________, die Kraft parallel auf die Gewebeschichten der Haut wirkt. Bei den Verschiebungen werden Blutgefäße gedehnt bzw. verletzt und es kommt zu einer Minderdurchblutung/Unterversorgung der Gewebe. Da die Haut im Alter an Elastizität und Turgor verliert, können besonders bei älteren Menschen Scherkräfte die Gewebeschichten verschieben und zu Verletzungen führen.

Außerdem entsteht (5) ________________ zwischen Haut und Kontaktfläche (Unterlage/Kleidung). Auch Reibung ist an der Entstehung von Scherkräften beteiligt und kann zur Schädigung der Haut führen.

Das (6) ________________ beschreibt die Hauttemperatur und die Feuchtigkeit der Haut und Kontaktfläche. Warme oder heiße Haut(stellen) und erhöhte Feuchtigkeit, z. B. durch starkes Schwitzen, Urin weicht die Haut auf. Obwohl ein Dekubitus nicht an der Hautoberfläche, sondern vor allem in der Tiefe beginnt, wird diskutiert, dass eine geschädigte Haut die Hautschichten anfälliger für Druck und Scherkräfte macht.

Die (7) ________________, also die Fähigkeit verschiedener Gewebe Druck und Sauerstoffmangel zu tolerieren, ist sehr unterschiedlich und wird durch verschiedene Faktoren beeinflusst, wie z. B. Alter, Gewebemasse, Ernährung, Krankheiten, Medikamente.

EXTRA 1

Maßnahmen, die der Entstehung von Druckschäden entgegenwirken.

Lesen Sie die Maßnahmen und verbinden Sie, welche(s) Ziel(e) Sie damit erreichen.

Maßnahmen	Ziele
1. rauhe und harte Materialen vermeiden	
2. „Freilage“ gefährdeter Köperstellen, z. B. Ferse	
3. Bewegungen wie Zerren und Ziehen am Patienten, vermeiden bzw. Hilfsmittel verwenden, z. B. Transfer des Patienten mit Rutschbrett, Rutschlaken oder Gleittuch, Aufstehhilfe, Patientenlifter	a. Druckverteilung
4. Materialen mit guten mikroklimatischen Eigenschaften verwenden	b. Druckentlastung/-reduzierung
5. Bewegung/Aktivität des Patienten fördern	
6. Bewegungsförderungsplan	c. Reibung minimieren
7. Mikrolagerungen mit kleinen Kissen oder zusammengelegten Handtüchern	d. für gutes Mikroklima sorgen
8. Positionierung mit größtmöglicher Auflagefläche	e. Scher- und Zugkräfte minimieren
9. Hautpflege und ausgewogene Ernährung	
10. Wechseln von feuchter Kleidung/ Bettwäsche und ... Inkontinenzmaterialien	f. Gewebetoleranz erhalten/erhöhen
11. Hilfsmittel für die Positionierung, z. B. Kissen, Gelkissen, Wechseldruckmatratze Vorsicht: Je mehr und je weichere Hilfsmittel zur Positionierung verwendet werden, desto stärker wird der Patient in seiner Mobilität eingeschränkt	

Bewegungsförderungsplan

bei Pflege durch 2 Pflegekräfte, immer beide HZ

D1 [] mind. 12 x Lag. Mobi, Positionswechsel
D1 [] mind. 8 x Lag. Mobi, mind. 4 x mit 2 Pflegekräften
D4 [] Mobi + Gehtrain. mit O B17 Kinästhetik n. STD oder O H3 oder H6 Unterarmgehstützen
D5 [] mind. 7 x Lag. (nicht Mikro) und mind. 2 x Mobi H1 oder 2

Datum:						Datum:						Datum:					
Zeit	L	B	H	FT	HZ	Zeit	L	B	H	FT	HZ	Zeit	L	B	H	FT	HZ

FT = Fingertest:
FT- = Rötung lässt sich wegdrücken
FT+ = Rötung lässt sich nicht wegdrücken

0 = Keine Rötung vorhanden
[] = Hohes Dekubitusrisiko

L	Lagerung und Aktivierung	B	Bewegung und Aktivierung	H	Hilfsmittel/Pflege
1	li. Seite 30°	1	kopfwärts bewegen	1	Rollstuhl/Mobilisationsstuhl
2	re. Seite 30	2	seitlich bewegen im Bett	2	Toilettenstuhl
3	Bobath li.	3	am Bettrand sitzen	3	Rollator/Gehwagen
4	Bobath re.	4	Transfer über Stehen/Schritt	4	Urinflasche/Bettschüssel
5	Bauchlage li. 135°	5	Tiefentransfer	5	Inkontinenzhilfsmittel (Wechsel)
6	Bauchlage re. 135°	6	Knietransfer	6	
7	Rückenlage	7	Schultertransfer		**Lagerungshilfsmittel:**
8	schiefe Ebene	8	Stehen vor dem Bett	7	Fell
9	V/A/T Lagerung	9	Sitzen am Tisch/Stuhl	8	Kissen
10	Sitzen im Bett	10	Gehen	9	Decke
11	Herzbettlage	11	Lagerungskorrektur	10	Rolle
12	Tiefenbett	12	Toilettengang *i *f *a	11	
13	5 und 3 Kissen Lagerung		i = individuell, f = festgelegt, a = angeboten	12	
14	Microlagerung li.	13	Begleitung Waschbecken	13	Prothese Arm/Bein
15	Microlagerung re.	14	Körperpflege	14	Stützkorsett
16	Fersen frei Lagern	15	Be- und Entkleiden		**Antidekubitusmatratzen**
17		16	Nachmodelieren (basale Stimulation)	15	Schaumstoff Atmosair
18		17	Gehtraining nach Kinästhetik PKMS D4	16	Gelmatratze Rik Fluid
19		18		17	Wechseldruck Profi Care

Transferskizze

rechts links
oben
BETT
unten
rechts links

Initial Assessment

Risikofaktoren wie Druck und/oder Scherkräfte, der Hautzustand sowie individuelle Risikofaktoren eines Patienten (z. B. Immobilität, arterielle Durchblutungsstörungen, Schmerzempfinden auf Druck) sowie Hautbeobachtung und Fingertest, gehören zu einer ersten fachlichen Einschätzung.

8. A- und T–Positionierung.

a. Was sehen Sie?

Beschreiben Sie zunächst die Abbildungen. Lesen Sie danach den Text und ergänzen Sie die Form der Positionierung.

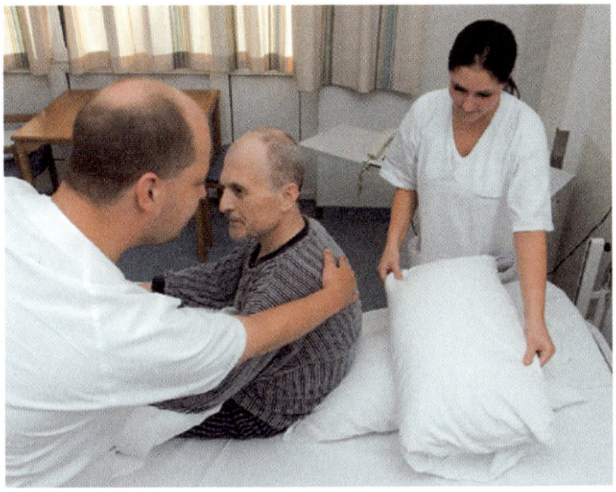

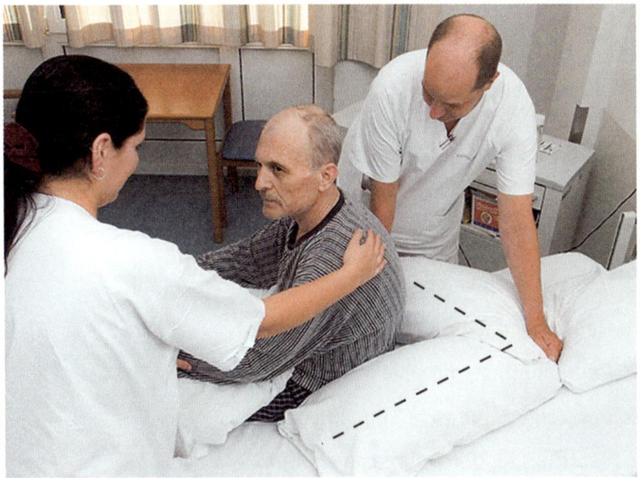

Bei diesen Positionierungsarten wird der Oberkörper des Patienten mit zwei Kissen positioniert.

Bei der ______________________ werden beide Kissen wie ein T unter die Wirbelsäule und Schulter des Patienten platziert, um den gesamten Brustkorb zu dehnen.

Bei der ______________________ befinden sich die inneren Spitzen der beiden Kissen im Halswirbelbereich, wobei ab dem 4. Halswirbel die Wirbelsäule frei liegt und der Kopf mit einem kleinen Kissen unterstützt wird.

b. Einen Patienten umpositionieren.

Eine Auszubildende im ersten Jahr soll einen Patienten aus der 30°-Positionierung in die A-Positionierung/T-Positionierung bringen. Erklären Sie der Azubine, was sie tun muss. Schreiben Sie Ihre Anweisungen auf und vergleichen Sie sie im Kurs.

9. Techniken der Positionierung. Welche wenden Sie an? Lesen und ergänzen Sie.

• V-, A-, T-Positionierung • physiologische Mittelstellung • 30- oder 135-Grad-Position

Um den Blutfluss anzuregen, legt man die Beine des Patienten hoch. Um die Lungen gut zu belüften, bettet man ihn in der ______________________________________, um den Druck auf dekubitusgefährdete Körperregionen zu reduzieren, in der ______________________________________.

Bewegung, abwechselnde Beuge- und Streckstellung und die ______________________________________ verhindern eine Versteifung der Glieder.

EXTRA 2

Erläuterungen von Fachbegriffen.

Ordnen Sie die Begriffe den Erklärungen den zu.

• Soor • Parotitis • Kontraktur • Druckgeschwür • Aspiration

1. Wenn sich Muskeln, Sehnen und Bänder verkürzen und die Gelenke steif sind, spricht man in der Medizin von einer ______________________.
2. Wenn der Speichelfluss oder die Speichelbildung gestört ist, kann es zu einer ______________________ kommen.
3. Ein ______________________ ist ein Dekubitus, der durch zu hohen und langen Druck auf ein Hautareal und das subkutane Gewebe entsteht.
4. Gelangen Speichel, Flüssigkeiten oder Nahrung durch Verschlucken oder ein Fremdkörper in die Atemwege (Luftröhre oder Lunge) spricht man von einer ______________________.
5. Eine durch Hefepilze ausgelöste Infektion im Mund- und Rachenbereich mit grauweißem Belag, auch __________ genannt, betrifft meist immungeschwächte Menschen.

10. Pflegeberichte.

a. Lesen Sie die Eintragungen 1 bis 7. Überlegen und verbessern Sie gemeinsam im Kurs, welche Informationen hier fehlen bzw. wie Sie die Berichte genauer formulieren können.

1. Pat. ist zeitweise inkontinent.
2. Pat. beim Trinken geholfen, da Aspirationsgefahr.
3. Heute nur Katzenwäsche durchgeführt.
4. Pat. hat Angst, dass sie an ihrem Brustkrebs stirbt. Sorge um behindertes Kind.
5. Pat. zeigt depressive Stimmung.
6. Pat. friert an den Beinen und Füßen.
7. Pat. ist desorientiert. Findet Sammelurinbehälter nicht. Kippt Urin in die Toilette.

b. Lesen Sie die Pflegeberichte a bis g und vergleichen Sie diese mit Ihren Formulierungen aus a. Ordnen Sie dann die Beschreibungen a bis g den Aussagen 1 bis 7 aus a zu.

a Pat. hat sich heute mehrmals beim Trinken verschluckt. Habe ihn daher zum Trinken aufgesetzt und beim Trinken angeleitet. __________

b Pat. hat kalte Füße und Beine. Trägt deshalb dicke Socken im Bett. Habe ihn mit einer zweiten Decke zugedeckt. __________

c Pat. hat sich heute Vormittag zweimal auf der Station verlaufen. Eigenes Zimmer und unreinen Raum mit seinem Sammelurinbehälter nicht gefunden. Mitpatienten sagen: Er hat die halb volle Urinflasche in die Toilette geleert. __________

d Im Frühdienst 2 × Inko-Material gewechselt. Einlagen waren stark durchnässt. *1*

e Habe heute 10 Minuten mit Pat. über ihre Krankheit gesprochen und die Hand gehalten. Sie hat große Angst, bald zu sterben, und macht sich Sorgen, wer sich nach ihrem Tod um ihr behindertes Kind kümmert. __________

f Pat. schaut den ganzen Nachmittag aus dem Fenster. Reagiert nicht auf die Nachfrage, wie es ihm geht. Beachtet andere Mitbewohner nicht. __________

g Auf Wunsch von Bewohner heute nur das Gesicht und unter den Achseln gewaschen, da Pat. heute Nachmittag von Tochter gebadet wird. __________

Film „Thrombosestrümpfe anziehen“

1. Sehen Sie den Film „Thrombosestrümpfe anziehen“.

Sehen Sie den Film ein zweites Mal ohne Ton. Übernehmen Sie beim Ansehen die Rolle der Pflegeperson und erklären Sie der Patientin Ihre Handlungsschritte.

2. Anweisungen für einen Patienten.

Ordnen Sie die Verben zu.

• belüften • lüften • wegpusten • lockern • spucken • aufsetzen • ein- und ausatmen • abhusten • inhalieren

1. das Sekret ____________________
2. mit einem Ultraschallvernebler ____________________
3. zum Essen und Trinken ____________________
4. die Luft tief ____________________
5. das Zimmer / den Raum ____________________
6. einen Watteball/Softball ____________________
7. mit dem Atemtrainer die Lungen gut ____________________
8. den Schleim in den Lungen ____________________
9. den Auswurf in ein Taschentuch ____________________

3. Wörter mit gleicher Bedeutung.

Ordnen Sie zu.

• Schnupfen • trockener Husten • produktiver Husten • Erkältung • Influenza

1. Ein Reizhusten = ein ____________________
2. Ein Husten mit Schleimbildung = ein ____________________
3. Eine verstopfte Nase / Die Nase läuft = ein ____________________
4. Ein grippaler Infekt = eine ____________________
5. Eine Grippe = eine ____________________

4. Alles eine Frage der Zeit.

Welcher Konnektor – *sobald / solange / bis / seit / während* – **passt am besten?**

1. Sie müssen mehr trinken, __________ Sie Fieber haben.
2. __________ ich auf meine Ernährung achte, habe ich schon 5 kg Gewicht verloren.
3. Meine Tochter kümmert sich um meine Katze und den Garten, __________ ich im Krankenhaus bin.
4. __________ ich wieder mich von der OP erholt habe, besuche ich meine Enkelkinder in Spanien.
5. Herr König hat heute viel von sich erzählt, __________ ich ihn gewaschen habe.
6. __________ ich noch nicht so gut Deutsch verstehe, möchte ich nicht ans Telefon gehen.
7. Es dauert noch eine halbe Stunde, __________ ich Sie in den OP fahre.
8. __________ meine Kollegin krank ist, habe ich viele Überstunden gemacht.
9. Meine Stationsleitung hat mir versprochen, dass ich, __________ meine Kollegin wieder da ist, frei bekomme.

5. Kontaktatmung.

Ergänzen Sie die passenden Wörter. Die Abbildung hilft Ihnen.

• Flanken • Reiz • Atemzügen • Einatmung • Ausatmung • Druck

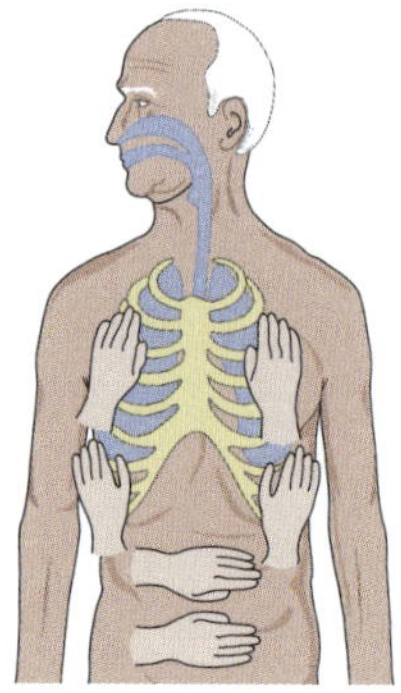

Bei der Kontaktatmung legt die Pflegeperson beide Hände locker auf den Bauch und die ________________ des Patienten. Er wird gebeten, die Hände der Pflegeperson während der ________________ mit ruhigen und tiefen ________________ „wegzuatmen". Die ________________ unterstützt die Pflegeperson durch leichten ________________ der Hände. Durch diesen ________________ lernt der Patient, seine Atembewegung nicht nur wahrzunehmen, sondern auch zu steuern.

6. Patienten anleiten.

Ergänzen Sie die Satzanfänge mit den vorgegebenen Satzteilen.

1. mit Ihren Händen – an den Haltegriff – greifen
   Sie können ein wenig mithelfen, indem *Sie mit Ihren Händen an den Haltegriff greifen.*
2. Drücken und Ziehen – ich – unterstützen – in Ihren Bewegungen – Sie.
   Durch ________________
3. sich abstützen – mit den Händen – an den Armlehnen – Sie // sich absetzen – auf den Stuhl – langsam – und – dann
   Am besten setzen Sie sich hin, indem ________________
   ____
4. mit der flachen Hand – Sie – beim Aufstehen – drücken – auf die Wunde // weniger – sie – schmerzen
   Dadurch, dass ________________
   ____
5. das Anziehen und Strecken der Fußspitzen – den Blutrückfluss – anregen – Sie
   Durch ________________
6. Sie – beim Bücken – in die Knie gehen // und – schwer – nicht heben
   Sie schonen Ihre Wirbelsäule dadurch, dass ________________
   ____
7. sich bewegen – Sie – mit dem Becken – Richtung Bettkante // dabei – und – Ihren Oberkörper – mitnehmen
   Sie kommen am besten an den Bettrand, indem ________________
   ____

7. Sturzprävention.

Lesen Sie die Tipps und ordnen Sie die folgenden drei Fragen der Tabelle zu.

- Welche Ratschläge geben Sie einem Neuzugang, damit er nicht stürzt?
- Wie soll sich ein Patient verhalten, wenn er gestürzt ist?
- Welche individuellen Faktoren erhöhen die Gefahr, zu stürzen?

Tipps zur Sturzprävention für Betroffene (eine Auswahl)

Mögliche Sturzursachen	Vermeidung von Stürzen	Verhalten nach einem Sturz
• Gleichgewichtsstörung • Unsicherheit beim Gehen • eingeschränkte Bewegungsfähigkeit (z.B. durch künstliche Zu- oder Ableitungen am Körper) • eingeschränkte Seh- und Hörfähigkeit • Kreislaufstörungen (z.B. hoher oder niedriger Blutdruck) • Einnahme von Schlaf- und Beruhigungsmitteln • geistige Einschränkungen (z.B. Demenz) • unausgeglichener Wasserhaushalt des Körpers (z.B. erhöhte Ausscheidung u.a. wegen harntreibender Arzneimittel) • Dranginkontinenz • Angst vor Stürzen	• Informieren Sie das pflegerische Team über – vorangegangene Stürze – Unsicherheit beim Gehen – Schwindel – Angst vor Stürzen – Bedarf an Unterstützung • Stellen Sie das Pflegebett zum Schlafen möglichst tief. • Stehen Sie nur aus dem Bett auf, wenn Sie sicheren Bodenkontakt mit beiden Füßen haben. • Tragen Sie Schuhe, die sicheren Halt bieten, rutschfeste Sohlen und flache Absätze haben. • Stehen Sie langsam auf. Bleiben Sie kurz auf der Bettkante sitzen. • Vermeiden Sie grundsätzlich Hektik beim Aufstehen und Gehen. • Benutzen Sie stets Ihre angepassten Hilfsmittel (z.B. Gehstöcke, Rollstuhl, Protektoren, Brille, Hörgeräte) und achten Sie darauf, dass sie stets griffbereit sind. • Benutzen Sie Haltegriffe und Handläufe. • Entfernen Sie Unebenheiten und Stolperfallen vom Fußboden Ihrer Wohnung. • Tragen Sie stets einen Notrufsender, wenn Sie stark sturzgefährdet sind. • Stellen Sie Bremsen von Rollatoren und Rollstühlen stets fest, wenn Sie stehen. • Lassen Sie nachts die Beleuchtung am Weg zur Toilette angeschaltet. • Beachten Sie pflegerische und ärztliche Anweisungen. • Fordern Sie vor dem Aufstehen Unterstützung durch Pflegende an!	• Rufen Sie Hilfe, bevor Sie versuchen, aufzustehen. • Informieren Sie die Pflegenden über den Sturz – auch wenn er keine schwer-wiegenden Folgen hatte. • Nehmen Sie Schmerzen oder körperliche Veränderungen, die nach einem Sturz auftreten, unbedingt ernst und berichten Sie Pflegenden bzw. dem Arzt davon.

8. Frau Plattner ist gestürzt.

a. Lesen Sie die Schilderung der Pflegefachperson.

Frau Platter ist gestern Nacht (02.03.23) beim Gang zur Toilette gestürzt. Ich habe sie bei meinem Rundgang um 1:00 Uhr vor ihrem Bett liegend vorgefunden. Sie hat berichtet, dass sie dringend auf die Toilette musste. In der Eile hat sie sich weder ihre Brille aufgesetzt noch ihre Hausschuhe angezogen. Sie ist auf dem Weg dann über ihre Hausschuhe gestolpert und mit den Socken, die sie nachts ja immer trägt, ausgerutscht. Außerdem hat sie erzählt, dass sie, weil sie nicht schlafen konnte, eine Schlaftablette genommen hatte, von der sie ganz schlaftrunken war. An die Klingel ist sie ja nicht gekommen, aber sie wollte auch nicht nach mir rufen, weil sie sonst das ganze Haus aufgeweckt hätte. Natürlich war ihre Wäsche nass. Ich habe sie im Bad frisch gemacht, ihr trockene Wäsche und ein frisches Nachthemd angezogen und ihr zurück ins Bett geholfen. Dabei hat sie über Schmerzen am linken Knöchel geklagt, der leicht angeschwollen war und den ich dann gleich mit einem Kühlbeutel gekühlt habe. Sie hat keine weiteren Beschwerden geäußert. Ich konnte auch beim Frischmachen keine weiteren Verletzungen erkennen. Ihre Vitalzeichen waren normal: Blutdruck 145/90, Puls 88. Als ich eine halbe Stunde später noch mal nach ihr gesehen habe, war sie schon wieder eingeschlafen. Sie sagte heute Morgen bei meinem letzten Rundgang, dass ihr der Fuß wehtut, wenn sie ihn bewegt. Ihr linker Knöchel ist mittlerweile auch stärker angeschwollen. Deshalb habe ich vorhin auch gleich den Arzt angerufen, damit er kommt, um die Schwellung und die Schmerzen abzuklären. Er wollte in ca. zwei Stunden hier sein. Frau Plattner soll das Bett nur in Begleitung verlassen, bis er sie angesehen hat.

b. Beschreiben Sie in knappen Sätzen zu folgenden Stichpunkten den Sturz.

- Zeitpunkt und Ort des Sturzes: ______________________________

____

- Sturzhergang: ______________________________

____

- Sturzursache: ______________________________

____

- Aktivität vor dem Sturz: ______________________________

____

- Zustand vor dem Sturz: ______________________________

____

- Sturzfolge: ______________________________

____

- Maßnahmen nach dem Sturz: ______________________________

____

Prophylaxen Teil 2

EXTRA 1

Wortschatz.

a. Was passt am besten zusammen? Manchmal gibt es mehr als eine Möglichkeit.

1 an einem Gegenstand, z. B. Tischbein	
2 über ein Kabel einer Stehlampe	ausrutschen
3 in der Duschwanne	stolpern
4 über eine Teppichkante	schwindelig werden
5 auf dem Bettvorleger	das Gleichgewicht
6 beim Aufstehen	klettern/steigen
7 ein Fußhocker	hängenbleiben
8 aus dem Bett	(hin)fallen
9 liegend/sitzend auf dem Boden	vorfinden
10 verlieren	im Weg stehen/sein
11 über ein Bettseitengitter	aufkommen

b. Formulieren Sie aus den Verbindungen in a eigene Sätze im Perfekt/Präteritum.

Beispiel: *Frau Meyer ist über das Kabel der Stehlampe gestolpert und hingefallen.*

EXTRA 2

Anweisungen.

Maria ist Pflegefachperson in einer Einrichtung für Senioren. Sie schreibt in einem Chat Folgendes:
Pflegefachpersonen in unserer Einrichtung haben die Anweisung, bei jedem Sturz, egal ob der Bewohner Schmerzen äußert oder nicht, seine Vitalzeichen in Ordnung sind oder nicht, den gerade zuständigen Arzt zu informieren, auch in der Nacht.

Welche Anweisungen gibt es von Ihrem Arbeitgeber? Diskutieren Sie darüber.

Einen Sturz melden.

a. Informieren Sie Ihre PDL über den Sturz von Frau Plattner per E-Mail.

b. Rollenspiel: Informieren Sie anhand Ihrer Notizen den diensthabenden Arzt, Dr. August, telefonisch über den Sturz von Frau Plattner. Eine Person übernimmt die Rolle des Arztes, eine Person die Rolle der Pflegeperson.

c. Erinnern Sie sich an eine Sturzsituation in Ihrem Berufsleben? Schildern Sie die Situation. Die anderen Kursteilnehmer notieren Ihre Schilderung schriftlich. Vergleichen Sie im Kurs Ihre Ergebnisse und korrigieren Sie gemeinsam.

9. Pflegeberichte.

a. Lesen Sie die Pflegeberichte 1 bis 5. Welche Informationen fehlen Ihnen?

1. Pat. hatte auf Klysma Stuhlgang.
2. Pat. klagt ständig über Juckreiz am Oberkörper.
3. Zustand hat sich verschlechtert. Keine selbstständige Körperpflege möglich.
4. Beim Aufstehen sehr wackelig auf den Beinen. Nur kurz gelaufen.
5. Pat. ist am Waschbecken gestürzt. Nichts passiert.

b. Lesen Sie nun die verbesserten Eintragungen a bis e und ordnen Sie diese den Berichten 1 bis 5 zu.

a Klagt über starken Juckreiz an Armen und Oberkörper. Hat sich aufgekratzt. Habe Haut an stark geröteten und aufgekratzten Stellen (Unterarm, Brust, unterer Rücken) mit Panthenolsalbe eingerieben. ______

b Kontrakturen an Hand und Ellbogen haben sich verschlechtert, daher volle Übernahme von Ganzkörperwäsche. ______

c Hat nach Mikroklysma abgeführt, aber sehr hart. Habe Pat. zu mehr Bewegung und zum Trinken angehalten. ______

d Pat. liegend vor dem Waschbecken vorgefunden. Pat. berichtet, er habe beim Waschen das Gleichgewicht verloren und sich nicht mehr festhalten können. Hat keine sichtbaren Verletzungen oder Schmerzen. ______

e Pat. war bei der Mobilisation noch sehr schwach und musste von 2 Personen geführt werden. Wollte wegen Schwindelgefühl auch nur ein paar Schritte gehen. ______

1. Fachbegriffe.

Lesen und ordnen Sie die passenden Fachbegriffe zu.

• endständiges Stoma • doppelläufiges Stoma • prominente Stomaanlage

1. Dadurch, dass der Darm ein kleines Stück von der Bauchdecke absteht, gelangen die Darmausscheidungen direkt in den Stomabeutel, ohne die Haut um das Stoma zu reizen.

____

2. Der Darm wird komplett durchtrennt. Der Darmabschnitt, der zum After führt, wird verschlossen und verbleibt im Bauch. Der Darm, der vom Magen kommt, wird durch die Bauchdecke nach außen geführt und befestigt.

____

3. Eine Darmschlinge wird durchtrennt. Die zwei Darmöffnungen, die dadurch entstehen, werden nebeneinander an der Bauchdecke befestigt. Diese Art von Stoma wird normalerweise rückverlegt.

____

2. Versorgungssysteme für ein Stoma.

Ergänzen Sie passende Wörter und Sätze. Achten Sie dabei auf die Wortform und Satzstruktur.

• ein Beutel • eine Basisplatte • das System • Bei einem Wechsel muss das ganze System erneuert werden.
• Der Beutel kann von der Platte getrennt und separat gewechselt werden.

1. Das einteilige System besteht aus _______________ und einer Hautschutzplatte, die fest miteinander verbunden sind. Das bedeutet, dass _______________

____

2. Das zweiteilige System besteht aus _______________ mit einem Verschluss. Das bedeutet, dass

____

____

3. Für beide _______________ eignen sich entweder geschlossene Beutel oder Ausstreifbeutel mit integriertem Filter.

3. Utensilien.

Welche sind zur Pflege eines Stomas nicht geeignet? Streichen Sie durch.

- Einmalwaschlappen
- rückfettende Waschlotionen
- Wundbenzin und Desinfektionsmittel
- Stomapaste zur Abdichtung
- unsterile Kompressen
- Salben oder Cremes zur Hautpflege
- Schwamm und Waschlappen
- Enthaarungscremes

4. Spiel: Ich richte ein Tablett für einen Stomawechsel her.

Nehmen Sie Ihre Materialliste aus Kap. 11, Aufgabe 4e des Lehrbuchs. Wenn Sie kein Lehrbuch haben, dann lesen Sie zunächst den Text.

E. Witt: Schön. Also, zuerst streifen Sie den Stuhl in Ihrem Stomabeutel in eine Mülltüte oder die Toilette aus und entfernen den leeren Beutel danach vorsichtig von der Basisplatte. Als Nächstes lösen Sie langsam mit einer Hand die Platte von der Haut. Wenn das Abziehen der Basisplatte schmerzhaft ist, geben Sie ein paar Tropfen Pflasterlöser auf eine Kompresse. Damit löst sich die Platte leichter. Das sieht gut aus! Schauen Sie, der Hautschutz ist sauber, das bedeutet, dass die Platte gut angelegen hat. Jetzt reinigen Sie die Haut um das Stoma mit einer nassen Kompresse oder einem Einmalwaschlappen und einer pH-neutralen Waschlotion. Wischen Sie immer von außen nach innen, also zum Stoma hin. So schützen Sie das umliegende Hautgebiet vor Keimen. Anschließend entfernen Sie die Seifenreste und trocknen mit einer frischen Kompresse die Haut um das Stoma gut ab. Wegen der Hygiene sollten Sie keine Schwämme oder Stoffwaschlappen verwenden. Achten Sie darauf, dass Sie Haare um das Stoma regelmäßig mit einem Einmalrasierer entfernen. Zum einen hält das System sonst nicht, zum anderen können ausgerissene Haare beim Wechsel der Platte zu einer Haarbalgentzündung führen. Enthaarungscremes sollten Sie wegen der möglichen Hautreizung nicht verwenden. Rasieren Sie immer vom Stoma weg. Schützen Sie dabei das Stoma mit einer Kompresse. Besonders in den ersten Wochen nach der OP wird sich die Größe des Stomas verändern, deshalb ist es nötig, dass Sie immer wieder die Größe des Stomas mit einer Messschablone überprüfen. Denken Sie daran, dass der Hautschutz das Stoma immer gut umschließen soll, aber nicht einengen darf. Es darf unter keinen Umständen Stuhl auf die umliegende Haut gelangen. Wenn Sie die Größe gemessen haben, schneiden Sie mit einer Schere die Basisplatte aus und kleben diese dann faltenfrei auf. Wärmen Sie die Platte mit den Handflächen etwas an, weil sie dadurch besser klebt. Hautunebenheiten können Sie vor dem Aufkleben mit einer Stomapaste ausgleichen. Ehe Sie den frischen Stomabeutel anbringen, pusten Sie ein wenig Luft hinein und verbinden ihn erst dann von unten nach oben mit der Hautschutzplatte. Zum Schluss verknoten Sie den Müllbeutel und werfen ihn einfach in den Hausmüll.

Ein Teilnehmer beginnt mit dem ersten Utensil wie im Beispiel.

Für einen Stomawechsel richte ich ein Tablet her mit einem einteiligen System und einem Beutel, ...

Der nächste Teilnehmer wiederholt diesen Satz und nennt dazu noch ein weiteres Utensil. Reihum nennen nun die Teilnehmer je ein weiteres Utensil, bis alle Utensilien auf dem Tablett sind. Jeder Teilnehmer muss aber immer zuerst alle genannten Utensilien wiederholen. Achten Sie auf die richtigen Endungen im Dativ.

5. Ergänzen Sie mit einem passenden Präpositionaladverb oder einer passenden Präposition.

1. Ich konnte Frau Treubner ____________ überzeugen, dass sie ihre Stomatherapeutin anruft.
2. Frau Auer leidet sehr ____________, dass sie einen künstlichen Darmausgang hat.
3. Herr Novak hatte nicht ____________ gerechnet, dass er am Tag nach der OP schon aufstehen muss.
4. Ich habe Herrn Fröhlich ____________ überreden können, beim Stomawechsel zuzuschauen.
5. + Habt ihr den Patienten schon ____________ informiert, dass er nüchtern bleiben muss?
   – Oh nein, ____________ habe ich dummerweise nicht gedacht, aber ich mache es sofort!
6. + Hast du schon geschlossene Stomabeutel nachbestellt?
   – Nein, ____________ hatte ich leider noch keine Zeit, aber sobald ich hier fertig bin, kümmere ich mich ____________.
7. – Wer kümmert sich heute ____________ die Zimmer 1 bis 3?
   + ____________ kümmert sich heute Peter.
8. – Wer hat sich denn ____________ mich beschwert? + Frau Uhlig ____________

6. Verben mit festen Präpositionen.

a. Ergänzen Sie den richtigen Kasus.

Verb + **durch, für, ohne, gegen, um,** auf, über + ____________

Verb + **aus, bei, mit, nach, von, zu,** unten, vor + ____________

Verb + in, an + ____________/____________

b. Bilden Sie Sätze und Fragen. Finden Sie anschließend im Kurs weitere Verben und bilden Sie damit Sätze und Fragen.

sich verlassen auf meine Kollegen: + *Ich kann mich auf meine Kollegen verlassen.*

– *Auf wen kannst du dich verlassen?*

1. reden mit dem Operateur: ______

2. diskutieren über den Dienstplan: ______

3. sich ärgern über Maria: ______

4. warten auf die PT: ______

5. sich kümmern um Frau Lorenz: ______

EXTRA 1

Männliche Geschlechtsorgane.

Ordnen Sie die deutschen Begriffe der Abbildung/den Fachbegriffen zu.

• die Eichel • die Vorhaut • der Hodensack • die Harnsamenröhre • der Hoden • der Nebenhoden • die Prostata (die Vorsteherdrüse)

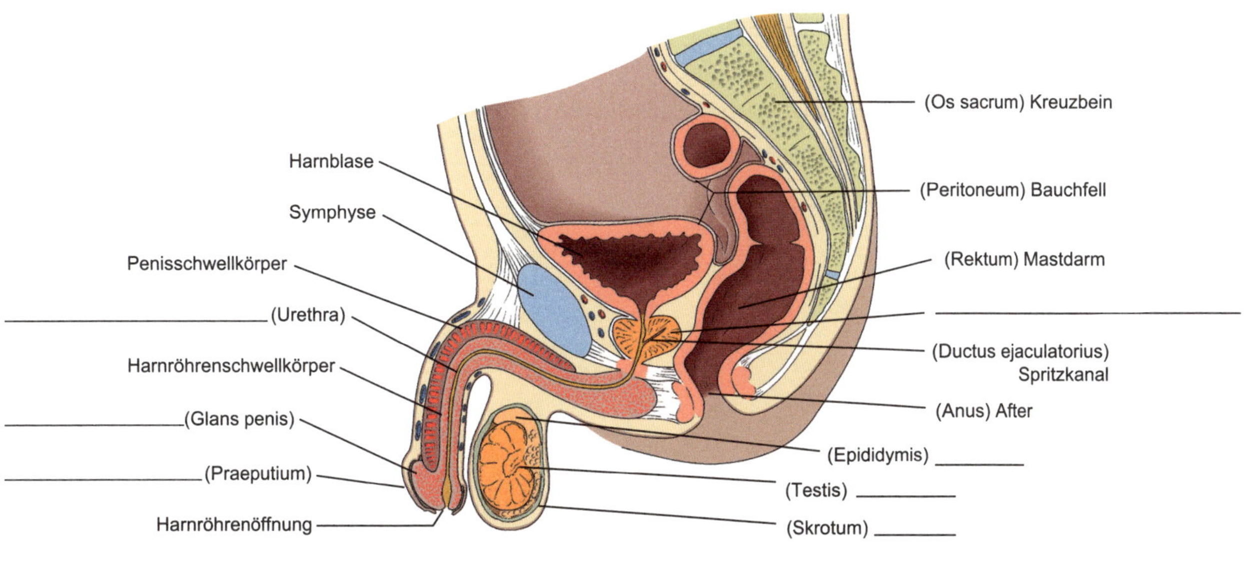

EXTRA 2

Blasendauerkatheter.

a. Intimhygiene mit Dauerkatheter. Ergänzen Sie mit passenden Wörtern aus dem Schüttelkasten.

• Genitalbereich (m) • Harnröhrenöffnung (f) • Schamlippen (Pl.) • Verkrustungen (Pl.) • Eichel (f) • Vorhaut (f) • vorschieben • spreizen • Katheterschlauch (m)

1. Nehmen Sie zur Intimhygiene lauwarmes Wasser und entfernen Sie starke ______________ mit einer pH-neutralen Seifenlösung. Waschen Sie sich vor und nach der Reinigung gründlich Ihre Hände.
2. Waschen Sie den ______________ mindestens 1× pro Tag und immer getrennt vom Analbereich. Waschen Sie stets von der ______________ beginnend weg nach außen/Richtung After.
3. Bei der Frau: ______________ Sie vorsichtig die großen ______________, waschen Sie dann vorsichtig die inneren Schamlippen und reinigen Sie danach den Harnröhreneingang und den ______________.
4. Beim Mann: Schieben Sie zuerst die ______________ am Penis behutsam zurück. Waschen Sie dann von der Harnröhrenmündung weg die ______________ und von der Harnröhrenöffnung weg den Katheterschlauch.
5. Reinigen Sie den Katheterschlauch dabei immer weg vom Körper Richtung Urinauffangbeutel. Ziehen Sie dabei nie am Katheterschlauch!
6. Lösen Sie Verkrustungen an der Austrittsstelle des Katheters. ______________ Sie beim Mann nach der Reinigung die Vorhaut wieder ______________
   Achten Sie bei der Reinigung auf Veränderungen auf wie z. B. Rötung, Schwellung, Druckstellen.

b. Handhabung des Harnableitungssystems. Ergänzen Sie mit passenden Wörtern aus dem Schüttelkasten.

• Zusammenstecken (n) • Ablassschlauch (m) • Urinbeutel (m) • zurückläuft • Blasenniveau (n) • geknickt • ablaufen • Urinauffangsystem (n)

1. Der ______________ darf keinen Kontakt zum Boden haben.
2. Der Beutel wird unter ______________ befestigt, sodass der Urin nicht in die Blase ______________.
3. Der Schlauch darf weder ______________ noch verdreht sein. Setzen oder legen Sie sich nicht auf den Schlauch!
4. Der Katheter und das ______________ werden nicht voneinander getrennt. Bei ungewollter Trennung müssen Sie beide Enden mit einem geeigneten Desinfektionsmittel vor dem ______________ besprühen.
5. Sprühen Sie vor dem Leeren des Urinbeutels Desinfektionsmittel auf den ______________ am Urinbeutel. Lassen Sie den Urin in ein desinfiziertes Gefäß ______________ und desinfizieren Sie das Ablassventil vor dem Schließen. Tragen Sie dazu Einmalhandschuhe.

7. Folgen nennen.

Verbinden Sie die Sätze mit *so …, dass / sodass*.

Die Wunde blutete stark. Sie musste genäht werden.
Die Wunde blutete so stark, dass sie genäht werden musste.

1. Der Patient verlor viel Blut. Wir mussten ihm eine Transfusion anhängen.

2. Die Verbrennungen waren schwer. Wir haben Ihre Tochter in eine Spezialklinik geflogen.

3. Der Zugang war verstopft. Wir mussten einen neuen legen.

4. Die Stichwunde war tief. Die Leber wurde leider verletzt.

5. Beim Patienten wurde ein MRSA-Keim nachgewiesen. Wir mussten ihn isolieren.

6. Meine Kollegin ist krank geworden. Ich muss am Wochenende für sie einspringen.

7. Wir hatten heute einen Notfall. Ich hatte keine Zeit, Frau Braun zu waschen.

8. Frau Holzingers Tochter ist berufstätig. Sie kann ihren Vater am Vormittag nicht versorgen.

9. Mein Vater ist schwach. Er kann nicht mehr allein aufstehen.

8. Nebensätze.

Ergänzen Sie mit *dass* oder *sodass*. Achten Sie auf die richtige Form und das Tempus.

1. nach 10 Minuten – schon leer – sein – sie
   Die Infusion ist so schnell gelaufen, ______
2. wir – umziehen – müssen – sie
   Frau Karl hat letzte Nacht so stark geschwitzt, ______
3. ich – Sie – müssen – legen – auf den Flur – leider
   Im Moment sind alle Zimmer belegt, ______
4. mehrmals – erbrochen – im Aufwachraum – er
   Herrn Schwarz war nach der OP so übel, ______
5. den Notarzt – ich – sofort – alarmieren
   Mein Mann hatte so starke Atemnot, ______
6. wir – morgen – nach Hause – können – entlassen – sie
   Ihre Mutter hat sich gut von der OP erholt, ______
7. bekommen – hochkalorische Kost – sie
   Frau Krach ist untergewichtig, ______

8. stark sturzgefährdet sein – er – ohne seine Brille

Die Sehkraft meines Vaters ist sehr schlecht, ______

9. ohne Hörgerät – uns – verstehen nicht – er

Herrn Schmitz' Hörvermögen ist so schwach, ______

9. Pflegen einer PEG (perkutan-endoskopische Gastrostomie)

a. Bringen Sie die Stichpunkte in die richtige Reihenfolge. Die Fotos helfen Ihnen dabei.

Reinigung, Desinfektion und Mobilisieren einer PEG

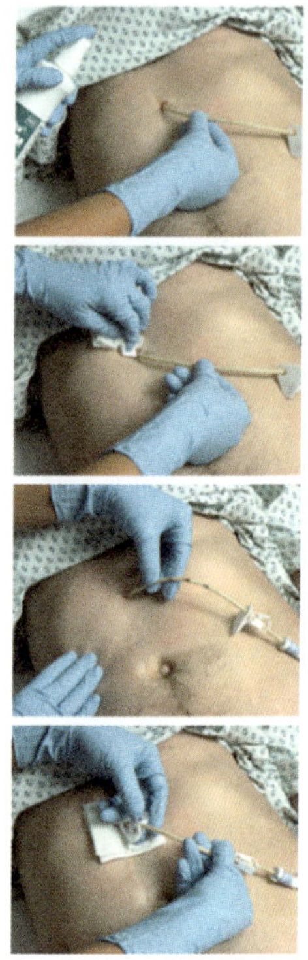

______ mit einem sterilen Handschuh und steriler Kompresse von innen nach außen wischen; dabei Sekret und Verkrustungen vorsichtig entfernen; auf gerötete Haut achten

______ die Einstichstelle zwei- bis dreimal wöchentlich reinigen

2 Verband vorsichtig lösen; sich dabei die Zahlenmarkierung merken, an der die Sonde herauskommt; Pflasterreste am besten mit Waschbenzin entfernen; mit klarem Wasser nachwischen

______ sterile Schlitzkompresse um den Schlauch auf die Einstichstelle legen; Halteplatte auf die Schlitzkompresse schieben; Klemme schließen; zweite Kompresse darauflegen; mit Klebevlies fixieren/befestigen

______ die Halte-/Fixierplatte, den Sondenschlauch und die Einstichstelle mit einem Desinfektionsmittel besprühen

______ die Sonde einmal wöchentlich bewegen, damit sie nicht in die Mageninnenwand einwächst; dazu Fixierplatte lösen; PEG ein bis zwei Zentimeter vorsichtig vor- und zurückschieben

______ den Klemmbügel der Fixierplatte durch Hochziehen öffnen, dann die Sonde aus dem Führungskanal drücken; Fixierplatte zurückschieben

b. Ein Patient, der wegen einer neurologisch bedingten Schluckstörung eine PEG in Ihrer Abteilung bekommen hat, wird nach Hause entlassen. Erklären Sie der Frau des Patienten, worauf sie bei der Pflege der PEG achten muss.

10. Komplikationen bei einer PEG. Was mache ich?

Bilden Sie Sätze mit den Angaben in der Klammer.

Die PEG bei Herrn Yilmaz ist undicht. Wenn ich die Flüssigkeit sondiere, läuft sie daneben heraus!

1. überprüfen – du – das Ansatzstück – schon? (Perfekt)

______

2. vielleicht – sein – es – rissig – oder – porös – und - es - austauschen – müssen – du (Präsens)

______

3. genau – anschauen – Schlauchende - schon - du? (Perfekt)

______

4. es – möglicherweise – haben – kleine Risse – und – kürzen – es – müssen – du – einige Millimeter (Präsens)

______

Die PEG bei Herrn Yilmaz ist verstopft. Die Flüssigkeit geht nicht durch!

5. spülen – du – mit warmem Wasser – Sprudel – oder – Pepsinwein – sie – schon? (Perfekt)

______

Die PEG-Einstichstelle bei Herrn Yilmaz ist verkrustet und gerötet!

6. dann – anlegen – wir – desinfizierenden Salbenverband – und – täglich – ihn – erneuern (Präsens)

---

11. Eigenschaften/Zustände eines Patienten.

Welcher Ausdruck passt nicht in die Reihe? Streichen Sie durch.

1. desorientiert / orientierungslos / verwirrt / klar/ durcheinander
2. distanziert / aggressiv / ungehalten / böse
3. depressiv / deprimiert / fröhlich / betrübt / bedrückt
4. ansprechbar / schläfrig / wach / reagiert auf / bei Bewusstsein
5. schlapp / aktiv / schwach / erschöpft / müde
6. bedrückt / unruhig / nervös / zappelig
7. ruhig / entspannt / eigensinnig
8. distanziert / zurückgezogen / verschlossen / aufgeschlossen
9. fröhlich / ungehalten / gut gelaunt / fidel
10. abweisend / ablehnend / kooperativ

Ärztliche Anordnungen

1. Darreichungsformen von Medikamenten.

Verbinden Sie die Medikamente mit der entsprechenden Anwendung.

1 die Salbe/das Gel	a in den After/in die Vagina einführen
2 die Pille/Tablette/Kapsel	b inhalieren
3 das Zäpfchen/Suppositorium	c in die Nase/in die Ohren träufeln/tropfen
4 die Brausetablette/das Granulat	d trinken
5 der/das Puder	e gurgeln/spülen
6 die Nasen-/Ohrentropfen	f in Wasser auflösen und trinken
7 die Aerosole	g innerlich oder äußerlich verwenden
8 der Hustensaft	h subkutan spritzen
9 das Spray	i auf die Haut/in die Nase/in den Mund sprühen
10 die Suspension	j mit oder ohne Flüssigkeit einnehmen/hinunterschlucken
11 die Mundspülung	k dünn auf die Haut auftragen
12 die Injektionslösung	l auf die Haut pudern/auftragen

2. Der Beipackzettel.

a. Lesen Sie die Überschriften aus einem Beipackzettel und ordnen Sie diese den Aussagen zu.

• Dosis/Dosierung und Art der Anwendung • Mögliche Neben-/Wechselwirkungen • Art der Aufbewahrung • Anwendungsgebiete • Zusammensetzung (Wirkstoffe) • Warnhinweise/Gegenanzeigen und Vorsichtsmaßnahmen

1. ______________________________

Das Medikament wird bei den genannten Symptomen verabreicht/angewendet.

2. ______________________________

Es ist bei den genannten Krankheiten kontraindiziert/darf nicht eingenommen werden.

3. ______________________________

Es soll in angegebener Menge und Art und Weise eingenommen werden.

4. ______________________________

Es können, wie beschrieben, unerwünschte Symptome/Wirkungen auftreten.

5. ______________________________

Es enthält den angegebenen Wirkstoff in mg/Tablette.

6. ______________________________

Es soll wie beschrieben gelagert/aufbewahrt werden.

b. Ordnen Sie folgende Aussagen den Überschriften 1 bis 6 aus a zu.

a Herr Meier, nehmen Sie die Tablette unzerkaut und mit viel Flüssigkeit vor dem Essen ein. ________

b Seit ich die Tabletten nehme, habe ich Sodbrennen und hin und wieder ist mir übel. ________

c Geben Sie Frau Junker bei Bedarf maximal alle 6 Stunden Ibuprofen 40 per os. ________

d Frau Berger darf kein Schmerzmittel bekommen, weil sie schwanger ist. ________

e Sie können die Augensalbe nach Anbruch maximal zwei Wochen verwenden. ________

f Eine Ampulle Dipidolor® zu 2 ml enthält 15 mg Piritramid. ________

g Nehmen Sie das Schmerzmittel höchstens 4 Tage lang ein. ________

h Dipidolor® wirkt bei schweren Schmerzzuständen. ________

3. Probleme mit der Infusion.

Ordnen Sie die Probleme den möglichen Ursachen zu.

• Der Patient hat Schmerzen an der Einstichstelle. • Blut läuft zurück. • Die Infusion tropft nicht. • Das Infusionssystem ist undicht.

Problem	Mögliche Ursachen
1	Die Infusion selbst hängt zu niedrig.
	Der venöse Zugang ist verstopft.
	Das Infusionssystem ist abgeknickt.
	Der Infusionsarm ist ungünstig abgewinkelt.
2	Der Blutdruck des Patienten ist angestiegen.
	Die Infusion hängt zu tief. Schwerkraftinfusion!
3	Die Infusion wurde zu locker aufgeschraubt.
	Die Schraubverbindung ist schief verbunden.
	Am Verbindungsstück sind Haarrisse.
4	Die Infusion ist ins Gewebe gelaufen (para).
	Die Einstichstelle ist entzündet.

4. Rollenspiel.

Ein Azubi im zweiten Lehrjahr berichtet, dass es Probleme mit der Infusion bei einem Patienten gibt. Äußern Sie Ihre Vermutung, woran das liegen könnte. Ein Teilnehmer spielt den Azubi, ein Teilnehmer die PFP.

Verwenden Sie die Probleme/möglichen Ursachen aus 3. Achten Sie auf die korrekte Satzstellung.

Es kann sein, dass … Möglicherweise … Vielleicht … Wahrscheinlich … Manchmal passiert es, dass … Hast du schon mal überprüft, ob …

5. Modalsätze.

Bilden Sie Infinitivsätze mit *ohne zu* + Infinitiv.

1. Du sprühst die Einstichstelle noch mal ein, ohne dass du sie abwischst.

____

2. Den Verband bei einem ZVK wechseln wir nie, ohne dass wir einen Schutzkittel tragen.

____

3. Häng nie eine Infusion an, ohne dass du davor noch mal schaust, ob das System luftleer ist.

____

4. Wirf nie eine leere Schachtel weg, ohne dass du das Medikament nachbestellt hast.

____

5. Mach nie einen Verbandswechsel, ohne dass du überprüfst, ob du alle nötigen Materialien hast.

____

6. Wir verabreichen nie ein Medikament, ohne dass wir die Anordnung vom Arzt haben.

____

7. Wir gehen nie in ein Patientenzimmer, ohne dass wir vorher an der Tür anklopfen.

____

EXTRA

Die häufigsten Wundarten.

Lesen Sie und ordnen Sie den Beschreibungen zu.

• Schürfwunden • Schnittwunden • Stichwunden • Platzwunde • Quetschung • Verbrühung • Kratz- und Bisswunden • Blasen

Mechanische offene Wunden:

(1) ______________________ werden durch scharfe Gegenstände verursacht und haben glatte Wundränder. Blutet eine Schnittwunde stark, stoppt man die Blutung, indem man mit einer sterilen Kompresse Druck auf die Wunde ausübt. Bei sehr starker Blutung legt man einen Druckverband an.

(2) ______________________ bedingt durch das Eindringen spitzer Gegenstände wie Messer, Pfeil oder Spieß haben ein erhöhtes Infektionsrisiko. Sie habenmeist an der Oberfläche einen geringen Umfang, gehen dafür aber in die Tiefe. Die Wundränder sind je nach Gegenstand glatt oder ausgefranst. In der Wunde steckende Gegenstände dürfen nur vom Arzt entfernt werden.

(3) ______________________ werden von Tieren sowie von Menschen verursacht. Es besteht ein erhöhtes Infektionsrisiko, denn in Krallen, Speichel und Fingernägeln sammeln sich Bakterien, die in die Wunde gelangen können. Die Wunde sollte immer gründlich ausgespült und gereinigt/desinfiziert werden. Erst dann sollte man sie verbinden.

Bei Stürzen entstehen schnell (4) ______________________, besonders am Ellenbogen, der Handinnenfläche oder am Knie. Die Haut wird durch plötzliches Entlangschleifen an einer rauen Oberfläche, z.B. Asphalt, verletzt. Meist sind nur die oberen Hautschichten betroffen und die Wunde blutet nur punktförmig. Sie kann mit Wundheilsalbe behandelt werden, um die Heilung zu fördern und die Narbenbildung zu reduzieren. Verschmutze Wunden sollten gereinigt und mit einer Wundauflage versorgt werden.

Eine (5) ______________________ entsteht besonders häufig im Kopfbereich, wenn man sich an einer Kante stößt oder an/auf einen harten Gegenstand/Untergrund schlägt. Durch die starke Prellung des Gewebes platzt die Wunde auf. Der Wundrand ist ausgerissen. Medizinisches Fachpersonal kann die Wunde mit einem Steri-Strip versorgen, nähen oder klammern.

Durch Reibung oder ungewohnten Druck insbesondere an den Füßen oder Händen können (6) ______________________ entstehen. Durch die Belastung trennen sich die Hautschichten voneinander und es sammelt sich Flüssigkeit darin. Öffnet sich die Blase, gilt sie als offene Wunde und birgt ein erhöhtes Infektionsrisiko.

Zu den geschlossenen Wunden zählen die (7) ______________________, die Prellung und die geschlossene Fraktur.

Von thermischen Wunden spricht man bei (8) ______________________ (durch flüssige Hitze), Verbrennung (durch trockene Hitze, auch Strom) und Erfrierung.

Bei verschmutzten Wunden besteht immer die Gefahr einer Tetanusinfektion. Gegen Tetanus hilft nur eine Schutzimpfung. Bei einer Bisswunde ist an die Gefahr einer Tollwutinfektion zu denken.

Patientenaufnahme

1. Ausfüllen eines Aufnahmebogens (Ausschnitt)

a. Lesen Sie zuerst den Aufnahmebogen.
b. Tragen Sie dann passende Informationen zu Frau Holler sowie nötige Hilfeformen aus dem Aufnahmegespräch ein.
B 13.1 **Hinweis:** Sie finden den Text auf dem AB 13.1.
V 13.2 **c. Hören Sie jetzt HV 13.2 und machen Sie dazu die passenden Eintragungen.**

Bewohner/in	**Gespräch am: durchgeführt von:**	
Vor-/Nachname:	Geburtsname:	
Geburtsdatum:	Geburtsort:	
Familienstand:	Angehörige:	
Gewohnheiten/Wünsche/Ressourcen	**Hilfebedarf**	**Hilfeform**
1.–3. ...		
Ressourcen, Gewohnheiten/Bedürfnisse - Defizite/Probleme - Hilfsmittel		
	Hilfeform Pflegepersonal (B / A / tÜ / vÜ)	
4. Sich pflegen		
Bevorzugte Körperpflege Waschen / Duschen / Baden Rasur trocken / nass	benötigt Hilfe bei Oberkörper / Unterkörper / Haar Mund- / Zahn- / Fuß- / Fingernagelpflege Bartpflege	
Bevorzugte Körperpflegemittel ______ Hautdefekte / -veränderungen ______		
5. Essen und Trinken		
Bevorzugte Speisen und Getränke Ablehnung/ Unverträglichkeiten von Lebensmitteln? Wie viele Mahlzeiten pro Tag essen Sie und wann? Trinkmenge pro Tag? Mittagessen ☐ im Zimmer ☐ im Speisesaal	benötigt Diät / Schonkost hochkalorische (Trink)nahrung /Sondennahrung Kau-/ Schluckbeschwerden Appetitlosigkeit mundgerechtes Zubereiten / Anreichen der Nahrung benötigt Trinkbecher Erinnerung zur Flüssigkeitsaufnahme	
6. Ausscheiden		
Kann Blase / Darm kontrollieren Toilettengang selbständig / mit Begleitung Häufigkeit Stuhlgang Maßnahmen zur Blasen -/ Darmregulation	(leichte) Inkontinenz von Blase / Darm Inkontinenzvorlagen / Urinal Toilettenstuhl / Urinflasche / Bettpfanne Dauerblasenkatheter / suprapubischen Katheter / Anus praeter Obstipation	
8. Ruhen und Schlafen		
Schlafzeiten am Abend/ tagsüber (Wann, wie lange)? Schlafrituale / -hilfen z. B. Licht, Raumluft, Fernsehen Medikamente?	Einschlaf- / Durchschlafstörungen Gestörter Tag- Nachtrhythmus	
10. Die eigene Sexualität leben		
Achtet auf gepflegtes Äußeres Trägt Schmuck Legt Wert auf Make-up / Frisur	Bittet um weibliche / männliche Pflegeperson bei Intimpflege / Körperpflege	

Hilfeform: B = Beaufsichtigung	A = Anleitung	tÜ = teilweise Übernahmen	vÜ = volle Übernahme

Patientenaufnahme

2. Körperliches Befinden von Patienten und Bewohnern beschreiben.

Welches Adjektiv passt?

• ~~steif~~ • ~~gelenkig~~ • muskulös • schmerzhaft • zittrig • beschwerdefrei • gebückt • schwindelig • kurzsichtig • verkrampft • gelähmt • unsicher

1. Seit einem Skiunfall ist Herr Paulsen nicht mehr so *gelenkig*. Sein Knie ist etwas *steif*.
2. Frau Meyer braucht zum Fernsehen eine Brille, weil sie ______________________ ist.
3. Herr Fritz ist beim Gehen sehr ______________________. Deshalb benutzt er jetzt lieber einen Rollator.
4. Frau Elmer hat wegen einer Osteoporose einen Rundrücken. Sie geht sehr ______________________.
5. Herr Möbius ist für sein Alter noch sehr ______________________. Er macht auch täglich Gymnastik.
6. Frau Simmel hat Schwierigkeiten, einen Löffel zu halten. Ihre Hand ist meist zu ______________________.
7. Die Arthrose bei Frau Rupp ist weit fortgeschritten, daher ist das Gehen für sie sehr ______________________.
8. Frau Müller geht es im Moment sehr gut. Sie ist ganz ______________________.
9. Herr Emmer muss im Rollstuhl bleiben. Er kann nicht allein gehen, ihm wird leicht ______________________.
10. Frau Dietrich hat Parkinson. Dadurch ist ihre linke Hand ist sehr ______________________.
11. Herr Huber hatte einen Motorradunfall. Seither sind seine Beine ______________________.

3. Manche Patienten und Bewohner brauchen Hilfsmittel.

a. Ordnen Sie zu.

a Bewohner, die keinen sicheren Stand haben,	1 eine Augenklappe.
b Gelähmte Patienten müssen in der Regel	2 bekommen eine Anti-Dekubitus-Matratze.
c Bewohner mit einem Gehörschaden	3 oft einen Hausnotruf.
d Es gibt ältere Leute, die zum Lesen	4 einen Rollstuhl benutzen.
e Viele demente Personen müssen	5 Inkontinenzvorlagen tragen.
f Bettlägerige Personen haben oft	6 brauchen ein Hörgerät.
g Manche sturzgefährdete Personen müssen	7 eine Leselupe benutzen.
h Lange Zeit bettlägerige Patienten	8 einen Kopfschutz tragen.
i Ein gebrochenes Bein wird meist	9 haben in der Dusche oft einen Duschhocker.
j Ältere tragen zu Hause um das Handgelenk	10 einen Dauerblasenkatheter.
k Nach einer Augenoperation tragen viele	11 mit einer Schiene stabilisiert.

b. Welche Hilfsmittel für Patienten/Bewohner kennen Sie noch? Notieren Sie mit Artikel.

____

____

____

____

4. Erholen Sie sich vom Stress.

Viele reflexive Verben brauchen für den Anschluss des Objekts eine Präposition. Die Präposition bestimmt, ob der Artikel des Objekts im Dativ oder Akkusativ steht.

a. Mit Dativ. Setzen Sie die folgenden Verben und Artikel in die Lücken ein. Achten Sie auf die Wortstellung im Perfekt und in Kombination mit Modalverben.

• ~~sich informieren bei~~ • sich erkundigen nach • sich ernähren von • sich fürchten vor • sich erholen von • sich entschließen zu • sich einigen mit

1. Frau Holler *informiert sich bei der* WBL Frau Winkler über das Seniorenheim.
2. Sie ______________ ________ nach ________ Mahlzeiten.
3. Zu Hause hat sie ________ nur noch von ________ Fertigmahlzeiten ______________ .
4. Nach einer Operation hat sie ________ zu ________ Umzug in eine Einrichtung ______________.
5. Sie hofft, dass sie ________ von ________ Operation ______________ kann.
6. Natürlich ______________ sie ________ ein bisschen vor ________ neuen Situation.
7. Aber sie hat ________ mit ihr________ Familie ______________, dass das die beste Lösung ist. Jetzt muss sie sich nur noch etwas einleben, bis sie alles kennt.

b. Mit Akkusativ. Setzen Sie die folgenden Verben und Artikel in die Lücken ein. Achten Sie auf die Wortstellung im Perfekt und in Kombination mit Modalverben.

• ~~sich konzentrieren auf~~ • sich freuen ~~auf/~~(dar-)über • sich vorbereiten auf • sich bedanken (da-)für • sich entschuldigen (da-)für • sich interessieren für • sich aufregen (da)rüber • sich beschweren über • sich sorgen um • sich freuen auf

1. Frau Holler *konzentriert sich* auf *das* Aufnahmegespräch.
2. Sie ________ auf ________ neue Zimmer.
3. Seit Wochen hat sie ________ auf ________ Umzug ________________.
4. Sie ________________ ________ dafür, dass sie nicht sofort alles versteht.
5. Sie ________________ ________ für ________ Singgruppe in der Senioreneinrichtung.
6. Nach ein paar Tagen muss sie ________ über Herrn Fritz, ihren Nachbarn, ________________.
7. Sie ________________ ________ darüber ________, dass er immer so laut fernsieht.
8. Seit Frau Holler in der Seniorenresidenz ist, ________________ sie ________ um ihe Katze, die sie leider nicht mitbringen konnte.
9. Aber dann ________________ sie ________ darüber, dass die Katze jetzt bei ihrer Enkelin ist.
10. Eigentlich sollte sie ________ einfach nur dafür ________________, dass jetzt alles gut geregelt ist.

5. Biografiebericht schreiben.

Machen Sie sich Notizen zu wichtigen Lebensabschnitten in der Lebensgeschichte von Frau Holler. Schreiben Sie danach einen Bericht mit ca. 120 bis 170 Wörtern im Präteritum.

- Geburt, Kindheit, Schulzeit
- Jugend, Ausbildung/Studium
- Beruf, besondere Ereignisse
- Familie, Kinder
- Freizeitbeschäftigung

EXTRA 1

Biografiebericht.

Lesen Sie folgenden Bericht und entscheiden Sie beim Lesen, welche Lösung (a, b oder c) in die Lücke passt.

Lieselotte H. lebte (1) ________________ vor Kurzem allein in ihrem Haus, wo sie vor sechs Wochen bei der Gartenarbeit gestürzt ist. Ihre Hilferufe (2) ________________ von ihrem Nachbarn gehört. Ein Notarzt hat sie ins Klinikum Würzburg eingewiesen, (3) ________________ sie einen Bruch am Steißbein feststellten, der nach ihrem Wunsch konservativ mit einem Korsett behandelt wird. Sie kommt bis zur Reha zu uns in die Übergangspflege, da sie zu Hause niemanden findet, der sie versorgen könnte.

Frau H. wurde am 22.2.1942 in Würzburg/Bayern geboren. Bis zur Rückkehr ihres Vaters aus dem Krieg 1947 lebte sie mit ihrer Mutter alleine. Mit 14 Jahren hat sie die Schule beendet und danach eine Lehre als kaufmännische Büroangestellte begonnen, die sie nach drei Jahren (4) ________________ . 1962 lernte sie bei einem Tanzabend ihren Ehemann kennen. Er war Bäckermeister und machte sich 1964 selbstständig. (5) ________________ sie ihn 1965 geheiratet hatte, verließ sie das Elternhaus und arbeitete von da an im Geschäft ihres Mannes mit. Sie blieben kinderlos. Ihr Mann (6) ________________ bereits 2001 an den Folgen seiner Diabeteserkrankung.

Seit dem Tod ihres Mannes lebt Frau H. allein und eher zurückgezogen. Sie trifft (7) ______________ eine Freundin aus dem Dorf zum Kaffeetrinken, liest sehr gerne und liebt ihren Garten, besonders im Frühjahr.

(8) ______________ von einer Schilddrüsenoperation 1997, ihrer Osteoporose und einer Hypertonie, die seit 2011 medikamentös behandelt wird, war sie immer gesund. Probleme macht ihr nur ihre Verdauung.

1
a seit
b bis
c vor

2
a wurden
b werden
c sind

3
a in das
b worin
c wo

4
a abschließt
b abschloss
c bestand

5
a zuvor
b nachdem
c wenn

6
a verunglückte
b verstorb
c verstarb

7
a mehrmals
b hin und wieder
c nie

8
a Abgesehen
b Außer
c Außerdem

EXTRA 2

Biografiebericht schreiben.

Schreiben Sie einen Biografiebericht über eine Ihnen bekannte Person, z. B. Ihre Großmutter, Ihren Großvater, oder über eine erfundene Person. Denken Sie dabei an:

- Geburt, Kindheit, Schulzeit
- Jugend, Ausbildung/Studium
- Beruf, besondere Ereignisse, Krieg
- Familie, Kinder, Hobbys, Haustiere
- Alter, Tod naher Angehöriger

1. Wortschatz.

Welche Ausdrücke kann man synonym verwenden? Ordnen Sie zu.

- einsehen
- sich gewöhnen an
- nicht zulassen
- brauchen
- annehmen
- verweigern
- zurecht-/klarkommen mit
- informiert sein über
- tolerieren
- angewiesen sein auf
- in der Lage sein
- sich auskennen mit
- die Möglichkeit haben
- kennen
- unterrichtet sein über
- nicht erlauben

1. benötigen

____

2. ablehnen

____

3. akzeptieren

____

4. können

____

5. wissen

____

2. Negation mit *kein* oder *nicht*.

Ergänzen Sie die Negation an der richtigen Position.

1. Obwohl ich Zucker habe, brauche ich *kein* Insulin.
2. Im Überleitungsbericht stehen Angaben zu seinen Ernährungsgewohnheiten.
3. Wenn er so viel Alkohol getrunken hätte, hätte er bestimmt eine Leberzirrhose bekommen.
4. Seit ich so stark kurzsichtig bin, kann ich ohne Brille aus dem Haus gehen.
5. Frau Prust trinkt besonders gern aus dem Becher.
6. Ich habe die Pflegeplanung für den Neuzugang Frau Prust geschrieben.
7. Wurde Frau Prust gestern schon auf die Gynäkologie verlegt?
8. Frau M. kann wegen starkem Wundschmerz ausreichend abhusten.
9. Herrn K. ist es möglich, aufgrund seiner Immobilität seine Lage im Bett verändern.

3. Ressourcen formulieren.

Ergänzen Sie die Satzanfänge 1 bis 6 sinnvoll mit a bis f.

1	Pat. wäscht sich	a	für tägliche Spaziergänge im Garten.
2	Tochter des Bewohners	b	Gesicht, Arme und vorderen Oberkörper mit Anleitung selbst.
3	Bew. benutzt seinen Rollator	c	Maßnahmen, um einen Unterzucker auszugleichen.
4	Pat. verspürt Harndrang	d	kommt alle 2 Tage am Abend zu Besuch. Sie richtet das Essen und leitet ihren Vater beim Essen und Trinken an.
5	Kunde kennt	e	*Mensch ärgere dich nicht* und strickt gern.
6	Klientin spielt gern	f	und äußert diesen rechtzeitig zum Anlegen der Urinflasche.

4. Probleme.

Welche Formulierung ist besser? Kreuzen Sie an.

1. a Pat. kann nur mit Anleitung aufstehen.
   b Pat. ist in der Mobilität eingeschränkt.
2. a Pat. braucht Hilfe bei der Mundpflege.
   b Pat. kann sich seine Zahnprothese nicht selbstständig einsetzen/herausnehmen.
3. a Bew. ist inkontinent.
   b Bew. bemerkt Harndrang zu spät. Wechselt Inkontinenzmaterial nicht selbstständig.
4. a Klient wacht bei kleinstem Geräusch in der Nacht auf.
   b Klient schläft nachts nicht gut.
5. a Pat. ist bei Stomapflege desinteressiert, abweisend und nicht kooperativ.
   b Pat. empfindet Stoma als „widerlich/ekelig“. Lehnt die Anleitung zum Beutel- und Systemwechsel ab.

5. Pflegeziele.

Welche Formulierungen sind korrekt? Kreuzen Sie an und begründen Sie.

1. a Pat. wäscht sich bis zum ... Gesicht und Arme unter Anleitung.
   b Pat. kann Teil des Oberkörpers waschen.
2. a Pat. läuft zu allen Mahlzeiten mit dem Rollator in den Speiseraum.
   b Pat. vergisst nicht, sich mit Rollator mehrmals täglich zu bewegen.
3. a Bew. nimmt ausreichend Nahrung zu sich.
   b Bew. nimmt bis zum ... ... kg Körpergewicht zu.
4. a Klientin nimmt Angebote im Haus wahr.
   b Klientin geht wöchentlich zum Spieleabend und zur Sonntagsmesse.
5. a Bew. hat ein gepflegtes Äußeres.
   b Bew. kämmt sich täglich und rasiert sich alle 2 Tage.
6. a Pat. hat intakte Mundschleimhaut, Lippen sind feucht, keine Infektionen im Rachenraum.
   b Pat. hat gute Schleimhaut.
7. a Bew. hat keine Druckstellen an der Nase.
   b Bew. kennt die Gefahr von Druckstellen an der Nase.

EXTRA

a. SIS®-Eingangsfragen.

Was möchten Sie mit diesen Fragen von der pflegebedürftigen Person erfahren? Ordnen Sie zu.

- Was brauchen Sie?
- Was bewegt Sie im Augenblick?
- Was können wir für Sie tun?

	Momentane Gefühlslage und den Grund dieser Gefühle
	Bedürfnisse, Gewohnheiten, Vorlieben
	Wünsche, Unterstützung durch die Einrichtung, Erwartungen an die Einrichtung

Tipp: Stellen Sie immer W-Fragen, also offene Fragen. Stellen Sie niemals zwei Fragen auf einmal und haben Sie Geduld mit den Antwortenden.

b. Themenfelder.

Ordnen Sie die Auszüge aus verschiedenen Informationssammlungen den Themenfeldern 1 bis 6 zu.

✓ Themenfeld 1: kognitive und kommunikative Fähigkeiten

✓ Themenfeld 2: Mobilität und Beweglichkeit

✓ Themenfeld 3: krankheitsbezogene Anforderungen und Belastungen

✓ Themenfeld 4: Selbstversorgung

✓ Themenfeld 5: Leben in sozialen Beziehungen

✓ Themenfeld 6: Wohnen/Häuslichkeit

Textauszug A = ______________________

Herr B. nimmt die Medikamente selbstständig ein. Die PFK übernimmt das Richten der Medikamente, da er sie aufgrund seiner ausgeprägten Arthrose nicht selbst aus dem Blister in den Wochendispenser drücken kann. Er ist insulinpflichtiger Diabetiker und benötigt Hilfe bei der 3 × täglichen BZ-Messung sowie der Insulingabe mit dem Pen.

Textauszug B = ______________________

Herr F. kann sich verbal gut ausdrücken, vergisst aber hin und wieder, was er gerade erledigen wollte. Er liest die Tageszeitung und telefoniert ein- bis zweimal pro Woche mit seinem Sohn. Mit seiner Enkelin tauscht er regelmäßig WhatsApp-Nachrichten aus. Er sucht sich gerne Informationen im Internet und erledigt auch seine Bankgeschäfte online. Er ist zeitlich und örtlich orientiert.

Textauszug C = ______________________

Frau K. lebt gemeinsam mit ihrer Tochter in ihrem kleinen Haus mit großem Garten. Sie hat seit zwei Jahren eine Alltagshelferin, die sich 3 × die Woche gemeinsam mit ihr um den Haushalt kümmert, mit ihr kocht, spielt und kleine Spaziergänge im Garten unternimmt. Die Tochter, die berufstätig ist, kümmert sich nach der Arbeit und an den Wochenenden um Frau K.

Textauszug D = ______________________

„Ich bin so gerne spazieren gegangen, aber seit ich den Schlaganfall hatte, traue ich mich nur noch mit Rollator zu gehen. Zu Hause nehme ich ihn auch manchmal. Aber meistens gehe ich mit einem Gehstock und halte mich an den Möbeln und Wänden in meiner Wohnung fest."
Frau A. ist aufgrund eines leichten Schlaganfalls in ihrer Beweglichkeit eingeschränkt. Sie kann nur noch mit Rollator längere Strecken bewältigen. In ihrer Wohnung nimmt sie zur Sicherheit immer einen Gehstock.

Textauszug E = ______________________

Herr M. ist sehr religiös und sieht jeden Sonntagmorgen im Fernsehen die Sonntagsmesse. An der wöchentlichen Abendandacht in der Einrichtung nimmt er sehr gerne teil. Er spielt leidenschaftlich Schach auf seinem Tablet und mit einer Mitbewohnerin der Einrichtung. Außerdem singt er sehr gerne. Er war jahrelang im Kirchenchor aktiv.

Textauszug F = ______________________

Frau J. ist in der Lage, sich selbst zu kleiden. Sie braucht nur Hilfe beim An- und Ausziehen der Kompressionsstrümpfe. Sie isst gerne und ist dabei auch gerne in Gesellschaft. Frau J. leidet manchmal an Obstipation und trinkt deshalb täglich 500 ml Buttermilch. Für die Körperpflege braucht sie zwar viel Zeit, aber sie bewältigt sie alleine. Sie hat eine leichte Harninkontinenz, kommt aber mit den Inkontinenzvorlagen gut zurecht.

EXTRA 2

Ernährungszustand überprüfen mit dem Mini Nutritional Assessment MNA®.

Lesen Sie den Assessmentbogen und klären Sie unbekannte Wörter.

Mini Nutritional Assessment MNA®

Nestlé NutritionInstitute

Name: Vorname:

Geschlecht: Alter (Jahre): Gewicht (kg): Größe (m): Datum:

Füllen Sie den Bogen aus, indem Sie die zutreffenden Zahlen in die Kästchen eintragen. Addieren Sie die Zahlendes Screenings. Ist der Wert ≤ 11, fahren Sie mit dem Assessment fort, um den Mangelernährungs-Index zu erhalten.

Screening

A Hat der Patient während der letzten 3 Monate wegen Appetitverlust, Verdauungsproblemen, Schwierigkeiten beim Kauen oder Schlucken weniger gegessen?
0 = starke Abnahme der Nahrungsaufnahme
1 = leichte Abnahme der Nahrungsaufnahme
2 = keine Abnahme der Nahrungsaufnahme ☐

B Gewichtsverlust in den letzen 3 Monaten
0 = Gewichtsverlust > 3 kg
1 = nicht bekannt
2 = Gewichtsverlust zwischen 1 und 3 kg
3 = kein Gewichtsverlust ☐

C Mobilität
0 = bettlägerig oder in einem Stuhl mobilisiert
1 = in der Lage, sich in der Wohnung zu bewegen
2 = verlässt die Wohnung ☐

D Akute Krankheit oder psychischer Stress während der letzten 3 Monate?
0 = ja 2 = nein ☐

E Neuropsychologische Probleme
0 = schwere Demenz oder Depression
1 = leichte Demenz
2 = keine psychologischen Probleme ☐

F Body Mass Index (BMI): Körpergewicht in kg / (Körpergröße in m)²
0 = BMI < 19
1 = 19 ≤ BMI < 21
2 = 21 ≤ BMI < 23
3 = BMI ≥ 23 ☐

Ergebnis des Screenings (max. 14 Punkte) ☐☐

12-14 Punkte:	Normaler Ernährungszustand
8-11 Punkte:	Risiko für Mangelernährung
0-7 Punkte:	Mangelernährung

Für ein tiefergehendes Assessment fahren Sie bitte mit den Fragen G-R fort

Assessment

G Lebt der Patient eigenständig zu Hause?
1 = ja 0 = nein ☐

H Nimmt der Patient mehr als 3 verschreibungspflichtige Medikamente pro Tag?
0 = ja 1 = nein ☐

I Hat der Patient Druck- oder Hautgeschwüre?
0 = ja 1 = nein ☐

J Wie viele Hauptmahlzeiten isst der Patient pro Tag?
0 = 1 Mahlzeit
1 = 2 Mahlzeiten
2 = 3 Mahlzeiten ☐

K Eiweißzufuhr: Isst der Patient
- mindestens einmal pro Tag Milchprodukte (Milch, Käse, Joghurt)? ja☐ nein☐
- mindestens zweimal pro Woche Hülsenfrüchte oder Eier? ja☐ nein☐
- täglich Fleisch, Fisch oder Geflügel? ja☐ nein☐

0,0 = wenn 0 oder 1 mal «ja»
0,5 = wenn 2 mal «ja»
1,0 = wenn 3 mal «ja» ☐,☐

L Isst der Patient mindestens zweimal pro Tag Obst oder Gemüse?
0 = nein 1 = ja ☐

M Wie viel trinkt der Patient pro Tag? (Wasser, Saft, Kaffee, Tee, Milch ...)
0,0 = weniger als 3 Gläser / Tassen
0,5 = 3 bis 5 Gläser / Tassen
1,0 = mehr als 5 Gläser / Tassen ☐,☐

N Essensaufnahme mit / ohne Hilfe
0 = braucht Hilfe beim Essen
1 = isst ohne Hilfe, aber mit Schwierigkeiten
2 = isst ohne Hilfe, keine Schwierigkeiten ☐

O Wie schätzt der Patient seinen Ernährungszustand ein?
0 = mangelernährt
1 = ist sich unsicher
2 = gut ernährt ☐

P Im Vergleich mit gleichaltrigen Personen schätzt der Patient seinen Gesundheitszustand folgendermaßen ein:
0,0 = schlechter
0,5 = weiß es nicht
1,0 = gleich gut
2,0 = besser ☐,☐

Q Oberarmumfang (OAU in cm)
0,0 = OAU < 21
0,5 = 21 ≤ OAU ≤ 22
1,0 = OAU > 22 ☐,☐

R Wadenumfang (WU in cm)
0 = WU < 31
1 = WU ≥ 31 ☐

Assessment (max. 16 Punkte) ☐☐,☐
Screening ☐☐,☐
Gesamtauswertung (max. 30 Punkte) ☐☐,☐

Auswertung des Mangelernährungs-Index

24-30 Punkte	☐	Normaler Ernährungszustand
17-23,5 Punkte	☐	Risiko für Mangelernährung
Weniger als 17 Punkte	☐	Mangelernährung

Ref. Vellas B, Villars H, Abellan G, et al. *Overview of MNA® - Its History and Challenges.* J Nut Health Aging 2006; 10: 456-465.
Rubenstein LZ, Harker JO, Salva A, Guigoz Y, Vellas B. Screening for Undernutrition in Geriatric Practice: *Developing the Short-Form Mini Nutritional Assessment (MNA-SF).* J. Geront 2001; 56A: M366-377.
Guigoz Y. The Mini-Nutritional Assessment (MNA®) *Review of the Literature – What does it tell us?* J Nutr Health Aging 2006; 10: 466-487.

Mehr Informationen unter: www.mna-elderly.com

6. Pflegeplanung formulieren.

Lesen Sie das Fallbeispiel und die Formulierungen für die Pflegeplanung.

Frau Wandrach, 67 Jahre alt, wurde vor vier Tagen am rechten Knie operiert. Sie bekam ein künstliches Kniegelenk. Die Patientin ist übergewichtig und bewegt sich nur ungern. Sie verbringt einen Großteil des Tages liegend im Bett, da es ihr schwerfällt, alleine aufzustehen, und sie sich außerdem noch sehr unsicher beim Gehen mit ihren Gehstützen fühlt. An ihrer rechten Ferse hat sich ein Dekubitus Grad 1 entwickelt. Sie leidet an Bluthochdruck und einem Diabetes mellitus Typ II. Ihre Zuckerwerte sind aufgrund der mangelnden Bewegung leicht erhöht, ihre Blutdruckwerte normal. Bei der Pflege des Oberkörpers braucht sie keine Unterstützung, aber beim Waschen der Beine/Füße sowie beim Anziehen ihrer Beinbekleidung/MT-Strümpfe. Die Physiotherapeutin kommt zweimal täglich.
Die OP-Wunde wurde geklammert. Die Wundnaht ist weder gerötet noch geschwollen. Die Wundumgebung ist intakt. Die Wunde wird mit Fixomull® versorgt. Die Patientin ist durch die Schmerzmedikation schmerzfrei.

a. Pflegeproblem, Ressource, Pflegeziel oder Maßnahme? Lesen Sie die Formulierungen. Kennzeichnen Sie diese mit P, R, Z oder M.

b. Schreiben Sie zu *mindestens* einem genannten Problem jeweils passend Ressource, Ziel und Maßnahme.

A) Pat. liegt die meiste Zeit des Tages im Bett. Bewegung aus dem Bett fällt ihr alleine schwer. ________

B) Pat. mind. 4 × tgl. zum Gehen motivieren und dabei unterstützen. ________

C) Fühlt sich mit Gehstützen unsicher, wenn sie alleine geht. ________

D) Pat. geht selbstständig und sicher mit Gehstützen mehrmals täglich den Flur auf und ab. ________

E) Zu kleinen Spaziergängen nach den Mahlzeiten anhalten und begleiten. ________

F) Dekubitus Grad 1 an der linken Ferse. ________

G) Kann im Bett Mikrobewegungen durchführen. ________

H) Geht mit Begleitung und Anleitung sicher. ________

I) Braucht Hilfe beim Waschen der Beine/Füße und An-und Auskleiden der Beinbekleidung. ________

J) Kann Beine/Füße mit leichter Einschränkung bewegen. ________

K) Bewegt sich ausreichend, damit BZ wieder sinkt. ________

L) Pat. setzt sich mehrmals tgl. selbstständig ans Bett/an den Tisch. ________

M) Pat. zu den Mahlzeiten ans Bett/an den Tisch setzen. ________

N) Intakte Haut an der linken Ferse. ________

O) Pat. wäscht und kleidet sich Beine/Füße selbstständig. ________

P) Aufgrund v. Bewegungsmangel BZ leicht erhöht. ________

Q) Pat. erkennt den Grund ihres erhöhten Blutzuckers. ________

R) Kann sich mit leichter Unterstützung und Anleitung aufsetzen. ________

S) Fersen frei positionieren. Pat. zu Mikrobewegungen auffordern. ________

T) Übernahme beim Waschen sowie An- und Auskleiden der Beine/Füße. ________

U) Kennt die Gefahr eines Druckgeschwürs. ________

V) Pat. weiß, dass sie sich mehr bewegen muss. ________

W) PT kommt 2 × tgl. ________

Problem: ______________________________

Ressource: ______________________________

Ziel: ______________________________

Maßnahme: ______________________________

Problem: ______________________________

Ressource: ______________________________

Ziel: ______________________________

Maßnahme: ______________________________

1. Verbformen im Konjunktiv I.

Ergänzen Sie mithilfe der Endungen die Tabelle. Markieren Sie die Formen, die *nicht* mit dem Präsens identisch sind.

Infinitiv/ Person	haben	**sein**	gehen	wollen	werden
	Infinitivstamm + Endungen des Konjunktivs I				
ich		**sei**			
du		sei(e)st			
er, sie, es		**sei**			
wir		**seien**			
ihr		seiet			
Sie, sie		**seien**			

…rmen …erson sind …und … selten …t.

Man verwendet oft nur die KI-Formen, die sich vom Präsens Indikativ unterscheiden.

In der ______________________, der 1./3. Person Singular der Modalverben und dem Verb *sein* ist immer Konjunktiv I möglich. Für alle anderen Formen wird meist das Verb im Konjunktiv II als Ersatzform benutzt.

2. Neutralität/Distanz ausdrücken.

Geben Sie die Sätze als indirekte Aussage mit einer Redeeinleitung wieder. Achten Sie auf den Wechsel der Pronomen.

Elena: **Ich** will nicht operiert werden. → Elena sagt, **sie** wolle nicht operiert werden.

1. Frau Anton: Ich kann wegen des Lärms einfach nicht schlafen.

____

2. Frau Kark: Ich bin es nicht gewohnt, jeden Tag so früh zu Mittag zu essen.

____

3. Herr Erikson: Ich bekomme nicht die richtigen Blutdruckmedikamente.

____

4. Anja: Ich habe zu wenig Zeit für die Pflege meiner Patienten.

____

5. Die Bewohner: Der Garten im Seniorenzentrum gefällt uns. Er ist wunderschön.

____

3. Die indirekte Rede im Präteritum.

Formulieren Sie die Sätze in die indirekte Rede im Präteritum um.

1. Im Labor sind keine Blutröhrchen von Frau Meier angekommen.
   Das Labor hat angerufen und gesagt, ______________________
2. Er hat keine Blutkonserven bestellt.
   Ihr Kollege Dr. Geppert meinte, ______________________
3. Sie hat bereits ein Rezept für Unterarmgehstützen ausgestellt.
   Die Stationsärztin ist sich sicher, dass ______________________
4. Die Krankenkasse hat die Kosten für die manuelle Therapie nicht komplett übernommen.
   Die Bewohnerin hat mir mitgeteilt, ______________________

5. Herr Kramer und seine Mutter haben sich gestern heftig gestritten.

   Die Bewohner haben erzählt, ______

4. Übergabegespräche zu dritt üben.

Person 1 macht sich Notizen zu drei Patient:innen und übergibt diese in ganzen Sätzen an Person 2.
Person 2 notiert die Inhalte in Stichpunkten und gibt die Informationen an eine dritte Person im Raum weiter.
Die dritte Person gibt ihre Notizen zu den Patient:innen wieder in ganzen Sätzen an Person 1 weiter.
Person 1 vergleicht mit ihren eigenen Stichpunkten. Sind alle wichtigen Informationen dabei?

Übergabe:

Zimmer ______	
Zimmer ______	
Zimmer ______	

5. Aufforderungen und Bitten bei der Arbeit auf Station

Der Ton macht die Musik, sagt man im Deutschen, wenn man ausdrücken will, dass es auch darauf ankommt, wie etwas gesagt wird, nicht nur was gesagt wird. „Könntest du bitte in Zimmer drei die Betten machen?“ hört sich viel freundlicher an als: „Zimmer drei, Betten machen!“

Schreiben Sie die folgenden Aufforderungen mit dem Modalverb können **in höfliche Bitten um.**

Beispiel: Bring Herrn Paulsen noch eine Schlaftablette!
Könntest du bitte Herrn Paulsen noch eine Schlaftablette bringen?

1. Hilf mal Frau Reiz beim Toilettengang!

2. Herr Kurt auf Zimmer vier muss noch geduscht werden! Mach das noch!

3. Schick Herrn Mayer in das Untersuchungszimmer!

4. Hol die Aufnahmen von Frau Putz aus der Röntgenabteilung!

6. In stressigen Situationen.

Hier wird öfter der Imperativ gebraucht. Die Antworten können dann so klingen, weil beide Seiten etwas „genervt“ sind. Bilden Sie die Imperative.
Beispiel: *Komm doch endlich! Ich komm ja schon!*

1. ______________________ dich! Ich beeile mich ja schon!
2. ______________________ die Betten! Ich mache sie ja schon!
3. ______________________ die Laborproben mit! Ich nehm' sie ja schon mit!
4. ______________________ Abfall raus! Ich bringe ihn ja schon raus!
5. ______________________ mir mal beim Bettenmachen. Ich helfe dir gleich!
6. ______________________ nicht die Tabletten. Ich vergesse sie schon nicht!
7. Jetzt ______________________ bitte im Labor __________! Ich ruf' ja schon an!
8. Bitte ______________________ jetzt bloß nicht die Nerven! Wer verliert hier die Nerven? Du oder ich?

Sie merken schon, der „Ton“ ist anders. Versuchen Sie, auch in stressigen Situationen höflich zu bleiben – besonders gegenüber Patienten und Bewohnern.

7. Kulturelle Unterschiede.

„Ticken“ wir nicht alle gleich?
Überlegen Sie, was sich vielleicht ändert, wenn Personen aus unterschiedlichen Ländern und Kulturen in einer Klinik oder einer Senioreneinrichtung aufeinandertreffen.
Szenario: Ein junges **türkischstämmiges** Mädchen wird spätabends mit starken Bauchschmerzen nach einem Fahrradunfall ins Krankenhaus eingeliefert. Jetzt treffen dort eine **deutsche** Mitarbeiterin aus der Verwaltung, eine Ärztin aus **Russland** und ein Pfleger aus **Kroatien** mit der Patientin und deren Eltern aus der **Türkei** in der Notaufnahme zusammen.
Frage: Was könnte beim Aufnahmegespräch passieren?
Verliefe das Gespräch vielleicht anders, wenn es sich bei diesem Szenario um Personen aus anderen Kulturen handeln würde?
Sie können selbst Rollenkarten nach Ihren Erfahrungen herstellen bzw. sie so verändern, wie es die jeweilige Situation erfordert.

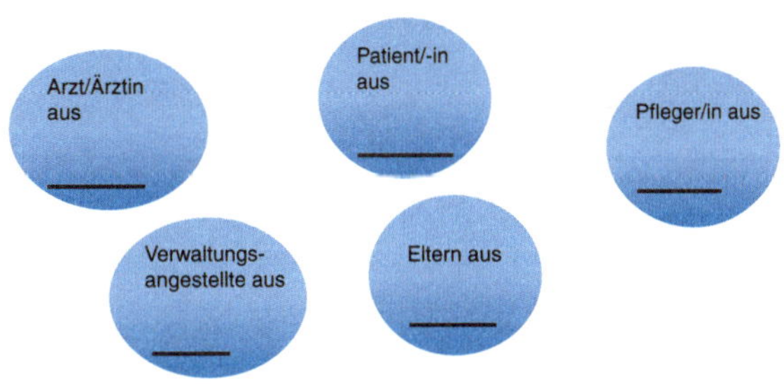

Überlegen Sie: Wie verhalten sich die verschiedenen Personen zueinander, tun sie das immer gleich? Gibt es Unterschiede, je nachdem welche Rolle sie haben?
Wer spricht wie mit wem? Wer denkt vielleicht was über wen?

EXTRA

Der Genitiv.

Ergänzen Sie die passende Präposition.

• abzüglich • aufgrund • anlässlich • anstelle • bezüglich • infolge • mangels • trotz • zwecks • zugunsten

1. ______________________ deiner Urlaubstage im Oktober bleiben dir noch 12 Tage Jahresurlaub.
2. Ich müsste noch einmal mit Ihnen ______________________ des Pflegegrads meiner Mutter sprechen.
3. ______________________ unseres 10-jährigen Jubiläums möchten wir Sie herzlich zu unserem Tag der offenen Tür einladen.

4. ______________ der vielen Arbeit hier auf Station macht mir die Zusammenarbeit mit meinem Team sehr viel Spaß.
5. ______________ der Unterarmgehstützen wurde vom Sanitätshaus ein Gehstock geliefert.
6. ______________ der langen Lieferzeiten können wir Ihnen das bestellte Blutzuckermessgerät nicht sofort zusenden.
7. Wir spenden jedes Jahr 500 Euro ______________ der Kinderkrebshilfe e. V.
8. ______________ Sicherheit führen wir zweimal jährlich eine Feueralarmübung durch.
9. Wir sind ______________ qualifizierten Pflegepersonals gezwungen, eine Station zu schließen.
10. ______________ der empfohlenen Impfungen (Liste der Impfstoffe ist beigefügt) für Gesundheitspersonal bitten wir Sie, Ihren Impfstatus überprüfen zu lassen.

8. Ärger am Arbeitsplatz

Top Ten der Ärgernisse am Arbeitsplatz. Was sollte man besser nicht machen?
Die Firma „Regus“ hat in einer Studie gefragt, was Menschen an ihren Kollegen am meisten stört. Gibt es für Sie ebenfalls eine Top-Ten-Liste der Ärgernisse am Arbeitsplatz?

a. Lesen Sie die Top Ten der Bürosünden (Liste A) und machen Sie dann eine eigene Liste (Liste B), mit dem, was Sie am meisten stört. Sie können auch neue Punkte nennen.

A: Die Top Ten der Bürosünden allgemein	B: Die Top Ten der Ärgernisse in Kliniken oder Senioreneinrichtungen	C: Die Top Ten der Ärgernisse in meinem Heimatland
1. Rauchen, Saufen, Müffeln Kollegen, die zu viel rauchen, trinken oder schlecht riechen, stören sehr.	1.	1.
2. Dreck Unsaubere Personaltoiletten oder alte Lebensmittel im Kühlschrank	2.	2.
3. Unpünktlichkeit Kollegen, die oft zu spät kommen	3.	3.
4. Laute private Telefonate	4.	4.
5. Lästern und Tratsch Weißt du schon, die	5.	5.
6. Fehler abstreiten Jeder Mensch macht einmal einen Fehler, aber dann muss man dazu stehen.	6.	6.
7. Überlaufende Mülleimer Der Müll wird nicht weggeräumt.	7.	7.
8. Radiomusik am Arbeitsplatz	8.	8.
9. Kopierstau Der Kopierer ist unbenutzbar.	9.	9.
10. Selbstgespräche Der Kollege spricht oft mit sich selbst und kommentiert alles.	10.	10.

b. Vergleichen Sie Ihre Liste mit den Listen Ihrer Kollegen. Was stört Sie persönlich am meisten?

c. Gibt es eine gemeinsame Top-Ten-Liste? Was stört die Gruppe am meisten?

d. Denken Sie an Ihr Heimatland. Wie würde dort die Top-Ten-Liste (Liste C) aussehen?

e. Was glauben Sie – sind die Listen eher kulturell oder eher individuell geprägt?

f. Sicher gibt es etwas, das Sie positiv überrascht. Was ist das?

Gespräche mit anderen Berufsgruppen

1. Pflegekräfte und Ärzte – ein schwieriges Verhältnis?

Was fällt Ihnen spontan ein, wenn Sie an das Verhältnis zwischen Pflegekräften und Ärzten in Ihrem Heimatland denken?

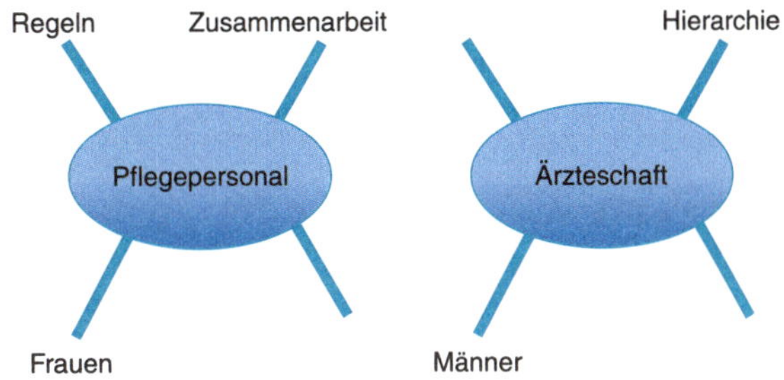

2. Sich auf Augenhöhe begegnen, Wertschätzung.

Was haben Sie bei Ihrer Arbeit in einer deutschen Klinik oder in einer Pflegeeinrichtung bei der Zusammenarbeit von Pflegepersonal und Ärzteschaft bemerkt oder vielleicht schon darüber gehört? Falls Sie in D A CH noch keine Erfahrungen haben, was erwarten Sie?
Machen Sie sich ein paar Notizen und diskutieren Sie.

3. Inzwischen sind fast 45 % des ärztlichen Personals in D A CH weiblich. Macht das für Sie die Arbeit einfacher?

Überlegen Sie.

4. Eine junge Assistenzärztin wünscht sich, dass sich die Berufsgruppen „auf Augenhöhe begegnen", also gleichrangig arbeiten.

Denken Sie an einen Konflikt, den sie erlebt haben, und spielen Sie die Szene nach. Die folgenden Redewendungen helfen Ihnen:

REDEMITTEL
- Entschuldigung, aber das habe ich nicht verstanden / ich habe da ein Problem.
- Ich habe den Eindruck / das Gefühl, dass wir einmal über ... reden sollten.
- Wenn wir miteinander arbeiten/sprechen, bin ich manchmal überrascht/verunsichert/irritiert, weil ...
- Entschuldige, wenn ich das anspreche, aber ...
- Ist es richtig, dass man das in D A CH so macht? Aus meinem Heimatland bin ich gewohnt / Ich habe in der Ausbildung / im Studium gelernt, dass ...

5. Teamarbeit ist der Schlüssel zum Erfolg!

a. Mit welchen anderen Berufsgruppen arbeiten Sie außerdem zusammen?

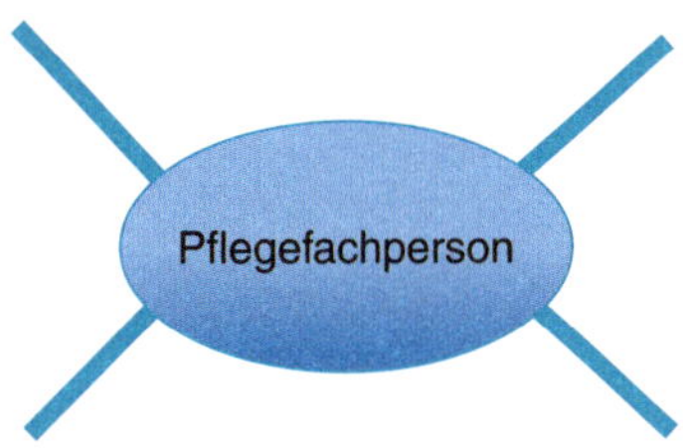

b. Welche Berufe und Berufsgruppen sind für Sie neu?

____

____

____

6. Ein gut funktionierendes Team hat ein gemeinsames Ziel: eine möglichst hohe Pflegequalität, für die jedes Teammitglied seine Fähigkeiten und Kompetenzen einbringt.

a. Welche Faktoren sind für Sie besonders wichtig für den Erfolg eines Teams?

• soziale Intelligenz (gute Menschenkenntnis) • fachliche Kompetenz (gute berufliche Ausbildung) • Kritikfähigkeit (kann Kritik ertragen) • Kooperationsfähigkeit (arbeitet gut zusammen) • Rücksichtnahme (denkt auch an andere) • Sprachkompetenz (kann sich gut ausdrücken) • Engagement (ist für das Team sehr aktiv) • Empathie (fühlt mit) • Toleranz • Respekt vor anderen Kulturen und Religionen • Wertschätzung

1. ______________________________
2. ______________________________
3. ______________________________
4. ______________________________
5. ______________________________
6. ______________________________
7. ______________________________
8. ______________________________
9. ______________________________
10. ______________________________
11. ______________________________

b. Fehlt vielleicht etwas auf der Liste? Was ist für ein gutes Team noch sehr wichtig? Denken Sie auch an Ihr Heimatland.

____

____

____

c. Erstellen Sie eine Extraliste und vergleichen Sie die Listen miteinander. Gibt es nur individuelle Listen oder auch nationale und kulturelle Gemeinsamkeiten?

An erster Stelle steht in meinem Heimatland ...

Gespräche mit anderen Berufsgruppen

7. Muss denn alles gleichzeitig sein?

Nebensätze der Zeit mit - *wenn, jedes Mal/immer wenn, als, solange, sobald, während* - drücken aus, dass zwei Vorgänge gleichzeitig ablaufen.

a. Ergänzen Sie eine passende Konjunktion. Es gibt manchmal mehrere Möglichkeiten.

Beispiel: Wenn um 7 Uhr die Übergabe beginnt, müssen alle Kollegen pünktlich da sein.

1. ______________ die nächste Schicht beginnt, müssen wir eine Übergabe machen.
2. ______________ die Alarmglocke geht, habe ich etwas Angst.
3. ______________ ich mit meiner Mentorin zusammenarbeite, fühle ich mich sicher.
4. ______________ ich die Station betrete, muss ich mir die Hände desinfizieren.
5. ______________ ungespülte Tassen in der Küche stehen, ärgere ich mich.
6. ______________ die Visite beginnt, müssen alle Patientendaten vorliegen.
7. ______________ Herr Fritz einen Herzinfarkt bekam, mussten wir den Notarzt rufen.

b. Was passt hier am besten zusammen?

Beispiel: Solange Karl die Betten macht, räume ich das Geschirr weg.

a	Während ich die Betten mache,	1	bekomme ich weniger Gehalt.
b	Solange ich auf den Arzt warte,	2	kann ich keine Pause machen.
c	Solange meine Kollegin Kaffeepause macht,	3	habe ich noch nie einen Notfall erlebt.
d	Solange schönes Wetter ist,	4	möchte ich nicht für Kollegen einspringen.
e	Solange ich noch Pflegeassistent bin,	5	müssen wir die Mobilisation alleine durchführen.
f	Seit ich hier in Deutschland arbeite,	6	bereite ich schon alles für den VW vor.
g	Solange ich Urlaub habe,	7	mache ich einen Spaziergang mit Frau Opel.
h	Solange die Physiotherapeutin krank ist,	8	kannst du die Patienten mobilisieren.

8. Eine Handlung liegt vor der anderen. Ergänzen Sie die folgenden Sätze mit einem Hauptsatz.

Beispiel: Bevor ich meinen Dienst beginne, ziehe ich meine Dienstkleidung an.

1. Bevor ich Nachtdienst habe, ______________
2. Bevor ich nach Hause gehe, ______________
3. Bevor ich den Überleitungsbericht schreibe, ______________
4. Bevor ich meine Frühstückspause mache, ______________
5. Bevor ich mich mit unserem Stationsarzt streite, ______________
6. Bevor ich den Krankentransport anrufe, ______________
7. Bevor ich nicht gut Deutsch spreche, ______________

Gespräche mit anderen Berufsgruppen

EXTRA

Das ist schon passiert, aber wenn ...

Ergänzen Sie mit dem KII der Vergangenheit.

1. Wenn ich ______ ______ (wissen), dass Sie auch einen Kaffee trinken, ______ ich noch zwei Tassen mehr ______ (kochen).
2. Wenn Sie sich auf Station ______ ______ (abmelden), ______ wir sie nicht überall ______ (suchen). Geben Sie das nächste Mal bitte Bescheid.
3. Wenn du mir gestern bei unserem Notfall auf Station nicht ______ ______ (helfen), ______ ich bestimmt verloren ______ (sein). Danke für deine Hilfe!
4. Wenn ihr den Patienten früher ______ ______ (anmelden), dann ______ er heute Mittag noch zum Röntgen-Thorax ______ (drankommen). Jetzt kann er leider nicht mehr kommen.
5. Wenn ich nicht ______ ______ (versäumen), den Rollator von Frau Klingel zu bestellen, dann ______ sie vielleicht heute damit ______ (laufen) und nicht ______ (hinfallen).
6. Wenn Sie mich nicht darauf aufmerksam ______ ______ (machen), dass ich noch die Blutkonserven bestellen muss, dann ______ ich das ______ (vergessen). Danke!
7. Wenn du ______ ______ (erwähnen), aus welchem Grund du den Dienst mit mir tauschen wolltest, dann ______ ich wahrscheinlich mit dir ______ (tauschen).
8. Wir ______ bei Herrn Ohnmacht gestern noch ein CT-Abdomen ______ (machen), wenn wir keinen Notfall ______ ______ (haben). Es tut uns leid!

Gespräche mit Angehörigen und Betreuern

1. Adverbien werden nicht dekliniert. Manchmal stehen zwei Adverbien hintereinander. Sie dienen zur Verstärkung oder zur Abschwächung.

Ergänzen Sie ein passendes Adverb. Mehrere Lösungen sind möglich.

• distanziert • unkompliziert • relativ einfach • typisch • besonders • außerordentlich schwach • einfach • viel • ausgesprochen • ein bisschen eifersüchtig • außerordentlich • glücklich • ziemlich gut

Beispiel: Die Enkelin ist freundlich. Die Enkelin ist *ungewöhnlich* freundlich.
Johanna und ihr Mann besuchen Johannas Tante Paula im Seniorenheim.

1. Die Begrüßung war ______ / ______ / ______ freundlich.
2. Früher war das Verhältnis zu den Nichten und Neffen eher ______.
3. Heute sind die Begegnungen ______ ______.
4. Seit dem Tod des Ehemanns ist es für alle ______, weil es weniger Spannungen gibt.
5. Früher waren bei den Familientreffen kleine Streitereien ______.
6. Der Onkel war schon sehr alt und seine Nerven ______ ______.
7. Außerdem war er schon ______ ______, weil der Kontakt der Tante zu den Nichten und Neffen ______ / ______ besser war.
8. Johanna und ihr Mann sind ______, weil die Stimmung der Tante ______ ______ ist.

2. Modaladverbien der Art und Weise und ihre Wirkung.

verstärkend:	sehr, besonders, außergewöhnlich, ganz (betont)
abschwächend:	fast, kaum, einigermaßen, ziemlich, eher, relativ (klein), ganz (unbetont)
vermutend:	vielleicht, vermutlich, wahrscheinlich, möglicherweise, wohl
bestärkend:	sicher, bestimmt, unbedingt
verneinend:	(ganz und) gar nicht, überhaupt nicht, keineswegs

Ergänzen Sie ein passendes Modaladverb.

1. Die Nichte begrüßt ihre Tante *besonders/außergewöhnlich/sehr* freundlich.
2. Ihr Mann übergibt einen ______ schönen Blumenstrauß.
3. Dann laden sie die Tante ______ freundlich zum Kaffee ein.
4. Die Tante ist ______ überrascht über das Verhalten der beiden.
5. Früher war ihr Verhältnis ______ unterkühlt.
6. Jetzt sagen die beiden, sie wollen die Tante ______ öfter besuchen.
7. Die Tante würde sich doch ______ über den Besuch freuen.
8. Die Tante denkt, die beiden wollen ______ ihr Geld erben.
9. Die plötzliche Freundlichkeit ist also ______ nicht echt.
10. Die Tante denkt sich, die beiden bekommen ______ nichts.

Gespräche mit Angehörigen und Betreuern

EXTRA

Adjektive als Nomen.

Ergänzen Sie das passende Adjektiv als Nomen in der richtigen Form.

• angenehm • positiv • folgend

1. Kein Mensch entdeckt am frühen Morgen in seinem Gesicht nur ________________. Wenn Ihnen Ihr Gesicht morgens nicht gefällt, dann machen Sie ________________: Schließen Sie kurz die Augen und denken Sie an etwas ________________.

• schwierig • unterbewusst

2. Wenn Sie etwas ________________ vor sich haben, sagen Sie sich mehrmals am Tag: Ich schaffe das! Solche Sätze wirken positiv auf das ________________.

• besser • neu • wichtig

3. Das ist nichts ________________. Trotzdem möchten wir es noch einmal betonen: Wenn Sie etwas ________________ nicht vergessen wollen, schreiben Sie es auf! Es gibt nichts ________________, um sich etwas zu merken.

• gleich • neu

4. Wir machen hier in der Betreuung immer das ________________, das ist langweilig. Könnten wir nicht mal (et)was ________________ machen, z.B. Bingo spielen?

• falsch • besonders

5. + Gab es gestern etwas ________________ bei Frau Plank?
– Da fragst du den ________________. Ich hatte gestern frei.

• gut • süß:

6. + Alles ________________ zum Geburtstag, Irene! Hier, für dich.
– Vielen Dank für die Glückwünsche und die Schokolade, aber ich darf doch nichts ________________ essen.

• schön • aktuell

7. + Was lesen Sie denn, Herr Graf?
– Ach, einen Zeitungsbericht über den Pflegenotstand. Leider steht hier wenig ________________ und nicht viel ________________.

3. Recht/recht haben und Recht/recht bekommen ist nicht immer das Gleiche

Klären Sie die folgenden Begriffe im Unterricht mit dem Dozenten bzw. dem Wörterbuch.

1. das Recht ________________
2. die Rechtsangelegenheit ________________
3. die Rechtsauskunft ________________
4. der Rechtsanspruch ________________
5. das Arbeitsrecht ________________
6. der/dieRechtsanwalt/-anwältin________________

4. Funktionsverbgefüge (FVG).

Das sind feste Redewendungen. Hier werden Verben und Nomen in einer festen Kombination gebraucht. Sehr oft ist das bei juristischen Begriffen der Fall. FVG klingen etwas offizieller.

Beispiel: Der Chefarzt entscheidet. / Der Chefarzt **trifft** die **Entscheidung.**

a. Klären Sie mit dem Wörterbuch.

1. ein Urteil fällen ______
2. den Beweis führen ______
3. jemandem die Schuld geben ______
4. den Eindruck gewinnen ______
5. eine Ausnahme machen ______
6. Klarheit schaffen ______
7. eine Maßnahme treffen ______

b. Schreiben Sie Beispielsätze.

1. ein Urteil abgeben ______
2. einen Vertrag abschließen ______
3. einen Dienst antreten ______
4. eine Forderung durchsetzen ______
5. Widerspruch einlegen ______

5. Kultursensible Pflege.

Lesen Sie den folgenden Text.

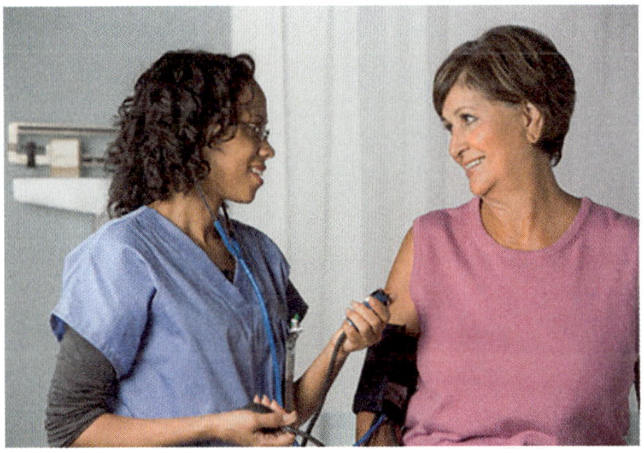

Ein Blick in die Krankenhäuser, Senioreneinrichtungen, Kindergärten und Beratungsstellen in den deutschsprachigen Ländern trifft auf einen typischen Ausschnitt unserer bunten Gesellschaft: Rund 25 % der Menschen in Deutschland haben einen Migrationshintergrund. In Österreich und in der Schweiz sind die Zahlen ähnlich. Die Zahlen steigen ständig. Dazu kommen jährlich Hunderttausende „Medizintouristen“. Das sind Patienten aus anderen Ländern, die sich in D A CH untersuchen und operieren lassen. Sie kommen oft aus arabischen Ländern oder aus Russland.

Auch deshalb werden kultursensible Pflege, Betreuung und Beratung immer wichtiger. Die Pflegekräfte, Ärzte und Patienten, Bewohner oder Kinder müssen sich aufeinander einstellen. Sie sollten die unterschiedlichen Religionen, Meinungen, Lebensformen und kulturellen Eigenheiten respektieren und zu verstehen versuchen. Besonders gut klappt das, wenn die betreuenden Teams über Mitarbeiter aus unterschiedlichen Kulturen verfügen, die dolmetschen und vermitteln können.

Aufgaben

17 Gespräche mit Angehörigen und Betreuern

Als ausländische Pflegekraft sollten Sie lernen, sich auf die Patienten und Bewohner in D A CH einzustellen, und gleichzeitig können Sie mit Ihren Sprach- und Kulturkenntnissen Ihren deutschsprachigen Kollegen helfen.

Wenn ein türkischer Patient beispielsweise sagt, sein Kopf sei erkältet, bedeutet das nicht, dass er Kopfweh oder eine Erkältung hat, sondern dass es ihm schlecht geht und er erhebliche psychische Probleme hat.

6. Redewendungen, die eine besondere körperliche oder psychische Verfassung oder Krankheit beschreiben.

a. Was kennen Sie? Verbinden Sie.

a Herzklopfen haben	1 besorgt sein, Sorgen haben
b graue Haare kriegen	2 vor Schreck Bauchschmerzen bekommen
c die Galle läuft mir über	3 aufgeregt oder verliebt sein
d der Magen zieht sich mir zusammen	4 vor etwas Angst haben
e das sitzt mir im Nacken	5 sich von etwas/jemandem abwenden
f ein dickes Fell / eine dicke Haut haben	6 einen schlechten Tag(esanfang) haben
g den Rücken kehren	7 sich nicht so leicht aus der Ruhe bringen lassen
h mit dem falschen Fuß aufgestanden sein	8 sich sehr über etwas/jemanden ärgern

b. Sicher gibt es in Ihrer Muttersprache ebenfalls Sprachbilder, die etwas über das körperliche oder psychische Befinden einer Person aussagen.

Nennen Sie Beispiele und beschreiben Sie, wofür die Redewendung steht.

____________________ ____________________________

____________________ ____________________________

____________________ ____________________________

Recht in der Pflege, Sozialsystem

1. Betreuungsrecht, Patientenverfügung, Vorsorgevollmacht.

Lesen Sie den folgenden Text.

Menschen können durch Unfall, Krankheit oder Alter in die Lage kommen, dass sie wichtige Fragen nicht selbst beantworten können. Das Betreuungsrecht eröffnet die Möglichkeit, zu klären, wer die Entscheidungen trifft, wenn eigenverantwortliches Handeln nicht mehr möglich ist. Das Selbstbestimmungsrecht soll gewahrt bleiben. Ein vom Gericht bestellter Betreuer darf nur in dem gerichtlich festgelegten Umfang handeln und muss die Wünsche des Betroffenen beachten. Wenn man mit einer Vorsorgevollmacht, Betreuungsverfügung und Patientenverfügung bereits in gesunden Tagen seine Wünsche detailliert beschreibt, ist man bei einem Unfall, bei schwerer Krankheit oder im Alter vorbereitet.

- Mit der **Vorsorgevollmacht (VV)** kann man einer anderen Person die Regelung einzelner oder aller Angelegenheiten für den Fall übertragen, dass man nicht mehr selbst entscheiden kann. Dazu können z. B. auch Bankgeschäfte, Miet- und Wohnungsangelegenheiten gehören.
- Mit der **Betreuungsverfügung (BV)** kann jeder erwachsene und geschäftsfähige Mensch im Voraus festlegen, wen das Gericht als Betreuer bestellen soll. Das können Familienangehörige oder gesetzliche Betreuer sein. Möglich sind auch inhaltliche Vorgaben für den Betreuer, etwa zu beachtende Wünsche und Gewohnheiten oder ob im Pflegefall eine Betreuung zu Hause oder im Pflegeheim gewünscht wird.
- In der **Patientenverfügung (PV)** kann jeder erwachsene und geschäftsfähige Mensch entscheiden, welche medizinischen Maßnahmen (z. B. künstliche Ernährung, Beatmung) gewünscht sind, wenn eine unheilbare Erkrankung eintritt. Auch die Frage der Organspende ist in diesem Dokument zu regeln.

(Quelle: BMJV)

2. Indirekte Frage- und Nebensätze mit *ob* oder mit W-Wörtern (*wie*, *wer*, ...)

Ergänzen Sie die folgenden Sätze. Der Text in 1 hilft Ihnen.

Beispiel: Jeder Mensch kann in einer Patientenverfügung festlegen, **ob** er nach dem Tod seine Organe spenden will.

1. Mit der Vorsorgevollmacht kann man festlegen, ______________________________

____

2. In der VV ist beispielsweise beschrieben, ______________________________

____

3. In der Betreuungsverfügung ist geklärt, ______________________________

____

4. Mit einer Patientenverfügung kann man bestimmen, ______________________________

____

5. Ob jemand an eine Herz-Lungen-Maschine angeschlossen werden will, ______________________________

____

3. Heute sind Sie noch jung, aber vielleicht haben Sie schon bestimmte Vorstellungen für Ihr Alter.

Ergänzen Sie die drei Sätze.

Wenn ich einmal schwer krank bin, ganz alt bin oder einen Unfall habe,

möchte ich auf jeden Fall, dass ______________________________

will ich auf keinen Fall, dass ______________________________

weiß ich noch nicht, ob ______________________________

Recht in der Pflege, Sozialsystem

EXTRA

Bedingung und Folge mit *sonst/andernfalls*.

- **Negative Bedingung** im Nebensatz *(wenn nicht ...)* **und Folge** im Hauptsatz.
- **Bedingung** im Hauptsatz und **Folge** im Hauptsatz mit *sonst/andernfalls*.

Markieren Sie im Bedingungssatz wenn und die Negation. Formulieren Sie dann die Folge mit dem Konnektor *sonst/andernfalls*.

Beispiel: Wenn Sie dieses Formular nicht ausfüllen, können wir Sie nicht behandeln.
Sie müssen dieses Formular ausfüllen, sonst können wir Sie nicht behandeln.

1. Papa, wenn du mir keine Vorsorgevollmacht gibst, dann darf ich im Notfall keine Entscheidungen für dich treffen.

   Papa, du musst mir eine Vorsorgevollmacht geben, andernfalls ____________________

2. Wenn wir keine Patientenverfügung von Ihnen haben, dann können wir Ihre Wünsche im Notfall nicht berücksichtigen.

   Wir brauchen von Ihnen eine Patientenverfügung, ____________________

3. Wenn wir unsere Patienten nicht richtig aufklären, kann das rechtliche Konsequenzen für uns haben.

   Wir müssen unsere Patienten richtig aufklären, ____________________

4. Wenn Sie für Ihre Frau keinen Pflegegrad beantragen, bekommen Sie keine finanzielle Unterstützung.

   Sie sollten für Ihre Frau einen Pflegegrad beantragen, ____________________

5. Ihrer Frau droht Lebensgefahr, wenn wir sie nicht medizinisch behandeln.

   Wir müssen Ihre Frau medizinisch behandeln, ____________________

6. Ihr Sohn reißt sich alle Schläuche heraus, wenn wir ihn nicht vorübergehend fixieren.

   Wir müssen Ihren Sohn vorübergehend fixieren, ____________________

7. Ihre Mutter wird sterben, wenn wir sie nicht künstlich ernähren.

   Wir müssen Ihre Mutter künstlich ernähren, ____________________

1. Notfall Schock.

a. Lesen Sie den Text und klären Sie unbekannte Wörter im Kurs oder mit dem Wörterbuch.

Als Schock bezeichnet man eine schwere Kreislaufstörung, die aufgrund eines zu niedrigen Blutdrucks entsteht. Es kommt zu einer unzureichenden Blutzirkulation und folglich einer Sauerstoffunterversorgung lebenswichtiger Gewebe im Körper. Sie kann zur Bewusstlosigkeit, Schädigungen lebenswichtiger Organe und schweren Stoffwechselstörungen bis hin zum Tod führen.
Es können verschiedene Ursachen zu einem Schock führen, u. a. ein Blut- und Flüssigkeitsverlust, ein Herzinfarkt, ein Allergen oder eine bakterielle Infektion.
Allen Schockformen ist die Hypotonie gemeinsam. Der Körper versucht, die schwache Blutzirkulation mit einem erhöhten Herzschlag (Tachykardie) und einer erhöhten Atemfrequenz auszugleichen.

b. Symptome und Folgen. Um welche Schockform handelt es sich? Ordnen Sie zu.

• Volumenmangelschock • Kardiogener Schock • Septischer Schock • Anaphylaktischer Schock

1. Die Person äußert einen Brustschmerz, Atemnot und ein Angstgefühl. Der Puls ist langsam und unregelmäßig. Die Person ist blass, kaltschweißig und reagiert verlangsamt. Die Halsvenen sind gestaut.

   ____

2. Die Person ist unruhig, verwirrt und wirkt teilnahmslos. Der Puls ist kaum tastbar und tachykard. Die Haut ist kalt, die Person zittert, friert und ist kaltschweißig.

   ____

3. Die Person klagt über Juckreiz, Quaddelbildung der Haut im gesamten Gesicht und an den Ohren sowie eine extreme Schwellung. Der Puls ist tastbar, aber beschleunigt und schwach.

   ____

4. Die Person hat hohes Fieber, Herzrasen und einen schwachen Puls. Ihre Atemfrequenz ist erhöht. Ihr Blutdruck fällt plötzlich ab.

   ____

2. Korrekte Positionierung von Schockpatienten.

a. Lesen Sie zunächst den Text und ergänzen Sie mit folgenden Begriffen.

• Atemnot • kardiogenen Schock • Kopf • Wirbelsäule • Brust- und Bauchverletzung • starker Unterkühlung • stabile Seitenlage

Bei Blutvolumenmangel (Schock) Person in Schocklage bringen: Beine hoch (max. im 45-Grad-Winkel), Oberkörper flach positionieren.

Bei Schock und Bewusstlosigkeit Person in die ______________________ bringen. Wenn möglich, den ganzen Körper diagonal mit den Beinen nach oben neigen.

Keine Schocklage:

- bei einem ______________________, um das Herz nicht zusätzlich zu belasten.
- bei ______________________, damit das kältere Blut nicht zum Körperstamm zurückfließt.
- bei ______________________.
- bei einer Verletzung der ______________________.
- bei einer Verletzung am ______________________ oder einer ______________________, um den Blutfluss dorthin nicht zu verstärken und somit die Verletzung zu verschlimmern.

b. Ordnen Sie dann den sechs Abbildungen Krankheitsursachen/Verletzungen aus a zu.

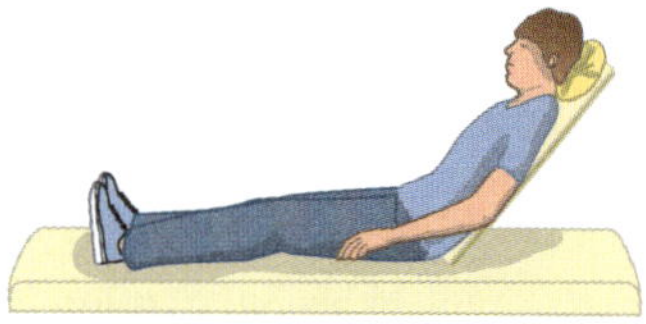

1. ______________________

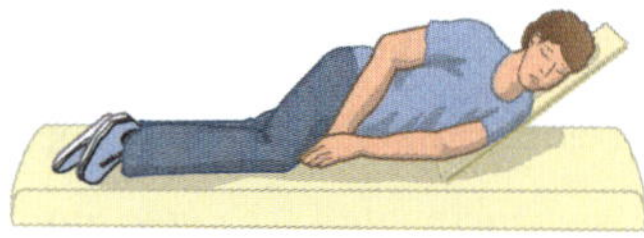

2. ______________________

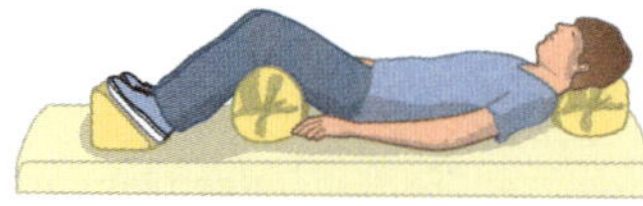

3. ______________________

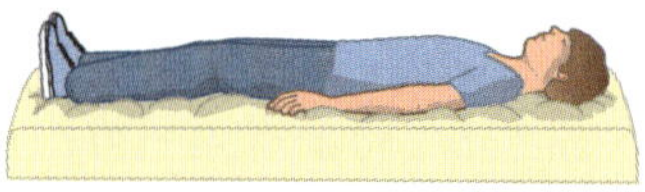

4. ______________________

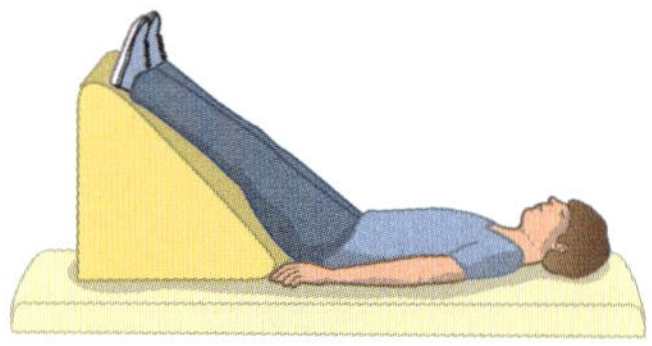

5. ______________________

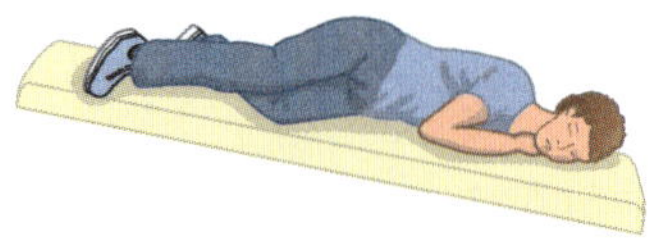

6. ______________________

3. Bei einer Notfallsituation ist es oft wichtig, den Patienten oder Verletzten zu berühren. Das kann unterschiedlich stark erfolgen.

Bringen Sie die folgenden Begriffe in eine Reihenfolge von weniger stark zu sehr stark.

• ~~streicheln~~ • schütteln • Hand auflegen • halten • umklammern • fixieren • (fest)halten • anschnallen • stützen • (hoch)heben

weniger stark *streicheln,* ______________________

______________________ **sehr stark**

4. Ruhe bewahren und Ruhe in einer Notfallsituation vermitteln.

Der Notfallpatient fragt sich vielleicht: Was ist passiert? Wo bin ich? Bin ich okay? Wer hilft mir? Deshalb sollten Sie

- mit ruhiger Stimme sprechen (egal, ob die Person wach oder bewusstlos ist),
- langsam und klar sprechen,
- eine einfache Sprache verwenden, kein Fachvokabular,
- positive, aber keine unrealistischen Worte zur Situation finden,
- immer ankündigen, was Sie tun.

REDEMITTEL

- Hören Sie mich?
- Wenn Sie nicht sprechen können, bewegen Sie ...
- Ich bin .... Ich bin bei Ihnen. Ich helfe Ihnen.
- Atmen Sie ganz ruhig.
- Bleiben Sie ganz ruhig.
- Das machen Sie gut!
- Liegen Sie so bequem?
- Ist die Lage so für Sie angenehm?
- Machen Sie sich keine Sorgen. Alles ist gut.
- Ich habe den Notarzt gerufen. Er ist schon unterwegs. Solange bin ich bei Ihnen.

- Sie schaffen das!
- Es wird alles gut!
- Wir bringen Sie ins Krankenhaus.
- Ich verständige Ihre Angehörigen.
- Ich kümmere mich um alles.

5. Das internationale ABCDE-Schema.

Ordnen Sie folgende Begriffe der Tabelle zu.

- Atemwege
- Kreislaufkontrolle
- Beatmung
- Umgebung des Patienten
- neurologisches Defizit

	Englischer Begriff	Deutscher Begriff	Was zu tun ist
A	Airway		Bewusstseinszustand kontrollieren ggf. Fremdkörper entfernen Atemwege frei machen und frei halten Patienten stabil positionieren ...
B	Breathing		Atmung kontrollieren notfalls Pat. künstlich beatmen Halsvenenstauung beseitigen ...
C	Circulation		Kreislauf stabilisieren unkontrollierte Blutungen stoppen Haut, Puls, Herzfrequenz prüfen ...
D	Disability		Pupillen kontrollieren Blutzuckerspiegel kontrollieren Vergiftungen erkennen ...
E	**Exposure/Environment**		Patienten nach Möglichkeit entkleiden, um nach weiteren Verletzungen zu suchen Pat. warm halten Herz-Kreislauf-System stabilisieren Verletzungen erkennen ...

6. Wiederholung Notfallsituation.

Was müssen Sie tun? Schreiben Sie.

Bei einem Notfall muss ich zuerst den Bewusstseinszustand kontrollieren, dann um Hilfe rufen. ...

Ich muss alle Maßnahmen, Medikamente, Notruf- und Eintreffzeiten dokumentieren.

Abschlusstest

Teil 1 – Schriftliche Prüfung

Subtest Hören

1. Hörverstehen 1

HV 20.1 Sie hören jetzt fünf Ansagen. Die erste Ansage ist das Beispiel. Zu jeder Ansage gibt es eine Aufgabe. Entscheiden Sie, welche Lösung (a, b oder c) am besten passt. Sie hören die Ansage nur einmal.

Beispiel: Ansage 1: „Guten Morgen, hier ist Florian Dorfner vom Sanitätshaus Meiereisen …"
Die Firma Meiereisen
a ☐ will ein Pflegebett verkaufen.
b ☒ möchte mit dem Kunden einen Liefertermin besprechen.
c ☐ plant, dass die Servicemitarbeiter nur eine Stunde arbeiten.

1. Ansage 2: „Guten Tag, hier ist Tanja Lachner. …"

Tanja Lachner von der Seniorenresidenz Sonnenhöhe
a ☐ will Frau Brückner in die Seniorenresidenz aufnehmen.
b ☐ informiert Frau Brückner, dass ihre Mutter in ein Heim kommt.
c ☐ sagt, dass der „Tag der offenen Tür" eine gute Gelegenheit für Frau Brückner und ihre Mutter sei, das Haus kennenzulernen.

2. Ansage 3: „Esther, vor dem Abendessen …"

Frau Holler
a ☐ möchte nicht zu Abend essen, weil sie erhöhten Blutzucker hat.
b ☐ muss die Angst verlieren, damit sie in Zukunft selbst ihren Blutzucker messen kann.
c ☐ hört nicht gern, was Esther sagt.

3. Ansage 4: „Hallo, Esther! …"

Esther
a ☐ soll Herrn Friedrich jetzt das Mittagessen bringen.
b ☐ muss versuchen, Herrn Friedrich aufzuklären, dass er regelmäßig essen soll.
c ☐ versteht nicht, warum Herrn Friedrich das Essen nicht schmeckt.

4. Ansage 5: „Guten Tag, Frau Mai …"

Herr Lubmann
a ☐ könnte für Herrn Mai einen Transfer in die Rehaklinik organisieren.
b ☐ findet es immer besser, wenn die Patienten selbst in die Rehaklinik fahren.
c ☐ hat mit der Klinik in Bad Brunnen einen Taxiservice vereinbart.

HV 20.2 **2. Hörverstehen 2**

Sie hören fünf Gespräche. Zu jedem Gespräch gibt es zwei Aufgaben.

Entscheiden Sie
- erstens, ob die Aussage richtig oder falsch ist,
- zweitens, welche Lösung (a, b oder c) am besten passt.

Lesen Sie zuerst die Aufgaben. Sie hören jedes Gespräch nur einmal.

Gespräch 1
5. Emil: „Frau Hirmer …"
Die Mutter von Frau Hirmer wird nach Hause entlassen. richtig ☐ falsch ☐

6. Frau Hirmer
a ☐ möchte die Pflege ihrer Mutter allein schaffen.
b ☐ hat den Service eines mobilen Pflegediensts bestellt.
c ☐ glaubt, dass ihre Mutter wieder alles alleine schaffen kann.

Gespräch 2

7. Dr. Hofer: „Guten Tag, Frau Holler …“
   Frau Holler geht morgen in die Sprechstunde ihrer Ärztin. richtig ☐ falsch ☐

8. Die Ärztin
   a ☐ sieht nach, wie die Wunde verheilt.
   b ☐ verschreibt Frau Holler neue Tabletten.
   c ☐ kommt nächste Woche am Freitag wieder zum Hausbesuch.

Gespräch 3

9. Esther: „Karin, kannst du …“
   Esther will zu einer Hochzeit fahren. richtig ☐ falsch ☐

10. Karin
   a ☐ ist Mitglied in einem Sportverein und trainiert jeden Freitag.
   b ☐ zeigt sich nicht kooperativ gegenüber ihrer Kollegin Esther und übernimmt keinen Dienst.
   c ☐ erwartet, dass ihre Kollegin Esther auch mal einspringt, wenn sie verreisen will.

Gespräch 4

11. Esther: „Emil, kannst du mir mal bitte helfen? …“
   Esther versteht zunächst nicht, was Bündchen sind. richtig ☐ falsch ☐

12. Emil erklärt seiner Kollegin,
   a ☐ dass sie alle Hygienevorschriften auswendig lernen muss.
   b ☐ dass sie bei kontaminierten Patienten besondere Schutzkleidung mit langen Ärmeln und geschlossenen Bündchen tragen muss.
   c ☐ dass er gern als freiwilliger Helfer in einem Katastrophengebiet arbeiten würde.

Gespräch 5

13. Esther: „So, Herr Grill …“
   Herr Grill ist auf Hilfe angewiesen und kann nicht mehr allein für sich kochen. richtig ☐ falsch ☐

14. Esther vom ambulanten Pflegedienst
   a ☐ besucht Herrn Grill regelmäßig.
   b ☐ kann Herrn Grill überzeugen, einmal probeweise „Essen auf Rädern“ zu bestellen.
   c ☐ sagt, dass Herrn Grills Tochter jeden Tag für ihn kochen könne.

3. Hörverstehen 3 HV 2

Sie hören einen Teil einer Teambesprechung auf einer Pflegestation. Dazu gibt es sechs Aufgaben mit je drei möglichen Antworten (a, b oder c). Welche Lösung passt am besten?
Lesen Sie zuerst die Aufgaben unten. Dazu haben Sie eine Minute Zeit. Dann hören Sie das Gespräch. Sie hören das Gespräch nur einmal.

Stationsleiterin Karin: „Wir müssen auch noch mal über den Dienstplan sprechen …“
Welche Antwort passt am besten?

15. Stationsleiterin Karin
   a ☐ möchte mit ihrem Team über die übrigen Urlaubstage sprechen.
   b ☐ liest eine Liste mit Namen vor.
   c ☐ will selbst Urlaub haben.

16. Maria
   a ☐ hat ein Baby bekommen.
   b ☐ will sechs Tage Urlaub nehmen.
   c ☐ möchte eine Fortbildung im Bereich Ergotherapie machen.

17. Stationsleiterin Karin
   a ☐ will, dass alle schnell ihren Urlaub nehmen.
   b ☐ erklärt, dass Katharina aus der Elternzeit zurück auf Station kommt.
   c ☐ will in Teilzeit arbeiten.

18. Esther will schnellstmöglich
   a ☐ Urlaub machen, damit sie vor Marias Fortbildung wieder zurück ist.
   b ☐ ihren Urlaub nehmen, um nach Florida zu fliegen.
   c ☐ zusammen mit Emil Urlaub machen.

19. Emil
    a ☐ will immer gern Ski fahren gehen.
    b ☐ möchte seine Urlaubstage nehmen, muss aber warten, bis er weiß, wann seine Kolleginnen in Urlaub gehen.
    c ☐ hatte immer Stress in seinen Schichten.

20. Stationsleiterin Karin
    a stimmt zu, dass Petra mit der Tochter von Herrn Frei spricht.
    b sagt, dass alle Zimmer der geschlossenen Station renoviert würden.
    c schlägt vor, Herrn Frei wegen seiner Demenz in eine geschlossene Abteilung zu verlegen.

HV 20.4 **4. Hörverstehen 4**

Sie hören ein Gespräch zum Thema Zusammenarbeit in internationalen Teams.
Welche Aussage passt zu welchem Hörtext? Zwei Sätze passen nicht.
Lesen Sie die Sätze a bis f. Danach hören Sie die Meinungen, aber nur einmal. (Aufgaben: 21, 22, 23)
Beispiel: Arbeiten in internationalen Teams ...
Lösung: e

a Wenn ich meine Kollegen nicht verstehe, werde ich gestresst und schaffe die Arbeit nicht.

b Die Klinik sollte mehr für die Integration der neuen Kollegen tun.

c Jetzt arbeiten wir gut zusammen, am Anfang war es nicht immer einfach.

d Leider habe ich wenig Erfahrung mit den ausländischen Kollegen.

e Arbeiten in internationalen Teams ist interessant und macht Spaß!

f Im Sommer haben wir ein internationales Fest gefeiert, seitdem verstehen wir uns super.

21. Wir haben seit Jahren ...

    ____

22. Der Anfang war nicht einfach ...

    ____

23. Bis jetzt gibt es ...

    ____

Subtest Lesen

5. Leseverstehen 1

Lesen Sie zuerst die Betreffzeilen a bis f und dann die Nachrichten in den E-Mails.
Welche Betreffzeilen passen? Zwei passen nicht. Ordnen Sie in der Tabelle die E-Mails den Betreffzeilen zu und schreiben Sie in die E-Mails die jeweils passende Betreffzeile.

a Besucher dürfen die Notaufnahme nicht betreten

b Geldbeutel auf dem Parkplatz verloren

c Portemonnaie ohne Geld und Papiere gefunden

d Kantine wegen einer Personalversammlung am Mittwochnachmittag reserviert

e Haupteingang wegen Bauarbeiten gesperrt

f Resturlaub nur bis Ende März möglich

Betreffzeile	a	b	c	d	e	f
E-Mail						

24.

An:
CC:
Betreff:
Liebe Kollegen, ab diesem Jahr gelten neue Arbeitszeitbestimmungen und Urlaubsregelungen. Der Verwaltungsdirektor, Herr Karg, wird am kommenden Mittwoch in der Kantine zu diesem Thema informieren. Alle Kollegen, die nicht im Dienst sind, sind eingeladen. Deshalb ist die Kantine ab 14 Uhr, also nach der Mittagszeit, für eine Personalversammlung reserviert. Hannelore Reich Assistentin des Verwaltungsdirektors

25.

An:
CC:
Betreff:
Liebe Kollegen, bis Ende März müssen alle Kollegen, die noch Urlaub aus dem letzten Jahr haben, diesen nehmen. Nur in begründeten Ausnahmen können die Urlaubstage aus dem letzten Jahr ins aktuelle Jahr übertragen werden. Bitte sprechen Sie noch in dieser Woche mit Ihrer Stationsleitung. Personalabteilung

26.

An:
CC:
Betreff:
Liebe Kollegen, liebe Mitarbeiter, unsere Klinik wird in den nächsten drei Monaten umgebaut. In dieser Zeit ist der Haupteingang geschlossen. Der Zutritt ist nur über die ZENA (Zentrale Notaufnahme) möglich. Das gilt auch für Besucher. Die Hausverwaltung

27.

An:
CC:
Betreff:
Liebe Kollegen, in der Besuchertoilette im 1. Stock wurde heute ein Geldbeutel gefunden. Darin waren weder Geld noch Dokumente. Wahrscheinlich wurde der Geldbeutel einem Mitarbeiter oder Bewohner gestohlen. Wenn jemand einen Geldbeutel vermisst, bitte an der Pforte melden. Karin Aumann Rezeption

6. Leseverstehen 2

Aus dem Aufnahmebericht:

Herr Willecke ist nach einem Motorradunfall in das Klinikum Willersberg eingeliefert worden. Er ist derzeit nicht in der Lage, sich allein zu versorgen. Wegen einer komplizierten Kieferfraktur kann er sich nicht verbal äußern und nicht kauen. Er hat an der rechten Körperseite ausgedehnte oberflächliche Hautverletzungen, die regelmäßig zu verbinden sind. Am rechten Bein hat er Frakturen der Unterschenkelknochen erlitten. Das Bein ist deshalb geschient.

Lesen Sie die Sätze 28 bis 33 und die Ausschnitte a bis h aus der Pflegeplanung nach ABEDL®. Welcher Satz passt zu welchem Abschnitt in der Pflegeplanung? Zwei Sätze passen nicht. Markieren Sie diese Sätze mit einem ☒.

28. ☐ Das Pflegepersonal ermuntert Herrn Willecke, das Zimmer mindestens einmal täglich zu verlassen.

29. ☐ Das Pflegepersonal geht mit Herrn Willecke spazieren.

30. ☐ Das Pflegepersonal sorgt dafür, dass Herr Willecke genügend Getränke hat, damit er laufend versorgt werden kann. Frau Willecke hilft dabei.

31. ☐ Das Pflegepersonal nimmt sich ausreichend Zeit, um die nonverbal geäußerten Wünsche von Herrn Willecke aufzunehmen.

32. ☐ Die Wundmanagerin wechselt täglich den Verband und beobachtet die Heilung.

33. ☐ Das Pflegepersonal lässt Herrn Willecke tagsüber nicht schlafen, sodass er nachts müde ist und gut schlafen kann.

Pflegeplan (Ausschnitt):

	Problem	**Ressource**	**Ziel**	**Pflegemaßnahme**
a	Pat. trinkt zu wenig. (700 ml/Tag) Kann das Glas nicht selbstständig füllen	Zeigt zunehmend Interesse an frischem Kaffee	Erreicht bis zum 8.6. eine Trinkmenge von 1200 ml/24 h Kann in kleinen Schlucken selbstständig trinken	Trinkprotokoll führen. Pat. Lieblingsgetränk während und zwischen den Mahlzeiten im Schnabelbecher anbieten
b	Mögliche Komplikation: Flüssigkeitsmangel	Signalisiert Durst, er mag besonders Wasser und Apfelsaft	Fernziel: tägliche Flüssigkeitsaufnahme bis zu 1500 ml	PP achtet darauf, dass ausreichend Wasser und Saft bereitstehen. Ehefrau hilft bei Flüssigkeitsaufnahme
c	Pat. kann infolge des Unfalls derzeit fast nur mit den Augen und der linken Hand kommunizieren	Ist orientiert und versteht gespro-chene Sprache. Setzt Nicken und Gesten mit der linken Hand ein	Nahziel: Wiederherstellung einer einfachen verbalen Kommunikation Fernziel: vollständige Sprache	PP nimmt sich Zeit für Kommunikation Im Anschluss an die Heilbehandlung Vorstellung bei Logopädin
d	Rechtsseitige Verletzung und teilweise Versteifung des rechten Arms	Pat. zeigt zeitweise starken Willen, sich selbst zu versorgen	Nahziel: täglich Greifübungen zur Erhaltung der Armmuskulatur Fernziel: vollständige Beweglichkeit	Tägliche Mobilisierung des rechten Arms und der Schulter durch Physiotherapeuten
e	Wundmanagement Wunde am rechten Unterschenkel heilt sehr langsam		Vollständige Abheilung	Täglicher Verbandswechsel durch Wundmanagerin
f	Pat. wirkt manchmal apathisch und depressiv	Gute Unter-stützung durch Familie und Angehörige	Nahziel: Heilungsfortschritte täglich signalisieren Fernziel: positiv auf Reha einstimmen	So weit wie möglich zum Besuch des Gartens und der Umgebung animieren, Rollstuhl bereitstellen
g	Durchschlafstörungen durch Harndrang	Gewöhnt sich zunehmend an die Urinflasche	Pat. hat ungestörten Nachtschlaf	Vor dem Schlafengehen Trinkmenge reduzieren

7. Leseverstehen 3

Lesen Sie die Texte 1 bis 3 und bearbeiten Sie die Aufgaben 34 bis 38. Welche Antwort (a, b oder c) passt am besten?

Text 1

Mitarbeiterinformation

Sehr geehrte Mitarbeiterinnen und Mitarbeiter,
in den vergangenen Wochen ist es leider wieder vermehrt zu Diebstählen im Haus gekommen. Unter anderem wurden Geld, Schmuck, Handys, aber auch eine wertvolle Lederjacke gestohlen.
Aus diesem Anlass wollen wir noch einmal auf unsere besonderen Sicherheitsmaßnahmen aufmerksam machen. Bitte informieren Sie die Patienten bei der Aufnahme darüber, dass alle Schränke über ein Tresorfach verfügen. Größere Geldbeträge oder Schmuck sollten keinesfalls im Nachtkästchen abgelegt werden. Am besten sollten die Patienten nur etwas Taschengeld dabeihaben.
Teure Handys sind ebenfalls eine begehrte Beute von Dieben. Bitte weisen Sie alle Patienten darauf hin, dass sie ihr Handy nicht auf dem Nachttisch liegen lassen, wenn sie schlafen oder das Zimmer verlassen. In diesen Fällen sollen Sie das Handy entweder einschließen oder mitnehmen. Dies gilt auch für Tablet-Computer oder anderes elektronisches Equipment.
Bitte achten Sie auch auf verdächtige Personen im Haus. Gegebenenfalls sprechen Sie die Personen an und fragen Sie sie, wohin sie wollen, oder verständigen Sie den Sicherheitsdienst.
In diesem Zusammenhang erinnern wir daran, dass seit September vergangenen Jahres alle Ein- und Ausgänge des Hauses videoüberwacht werden.
Für die Sicherheit im Haus sind alle verantwortlich. Bitte arbeiten Sie entsprechend mit.

Carola Probst
Verwaltungsdirektorin

34. Teure Handys
    - a ☐ müssen an der Rezeption abgegeben werden.
    - b ☐ sollen eingeschlossen werden, wenn der Patient schläft oder das Zimmer verlässt.
    - c ☐ müssen vom Pflegepersonal registriert werden.

35. Verdächtige Personen
    - a ☐ werden von den Videokameras in den Eingängen registriert.
    - b ☐ werden vom Sicherheitsdienst befragt.
    - c ☐ sollen gegebenenfalls vom Personal angesprochen und gemeldet werden.

Text 2

Bundeseinheitliche Bereitschaftsdienstnummer 116 117

Wenn jemand abends, nachts oder am Wochenende plötzlich Schmerzen oder andere Beschwerden bekommt, sind die Arztpraxen normalerweise geschlossen und der Hausarzt nicht erreichbar.
Seit Mitte 2012 müssen Sie nicht mehr in den Tageszeitungen oder im Internet suchen, welche Praxis oder welcher Arzt gerade Bereitschaftsdienst hat, denn seitdem gibt es die bundeseinheitliche Bereitschaftsdienstnummer 116 117. Sie funktioniert ohne Vorwahl. Unter dieser Nummer erreichen Sie eine Vermittlungs- und Beratungsstelle, mit der Sie einen Termin in einer Bereitschaftspraxis oder einen Hausarztbesuch vereinbaren können.
Als Bereitschaftsdienstzeiten gelten Montag, Dienstag und Donnerstag von 18 Uhr, Mittwoch und Freitag von 13 Uhr bis zum nächsten Morgen, 8 Uhr. Bei lebensbedrohlichen Zuständen, etwa nach einem Herzinfarkt oder Schlaganfall, sowie bei schwereren Unfällen ist weiter die zentrale Notrufnummer 112 zuständig. Diese Nummer ist rund um die Uhr zu erreichen.
Zu den typischen Herzinfarktsymptomen zählen länger andauernde Schmerzen im Brustkorb, die in Arme, Schulter, Hals und Oberbauch ausstrahlen. Einen Schlaganfall kann man oft an plötzlich einsetzenden Kopfschmerzen, Lähmung einer Körperseite, Sprach- und Sehstörungen, Taubheit oder Schwindel erkennen. In diesen Fällen ist sofort die Rettungsleitstelle unter 112 zu verständigen.

36. Der diensthabende Bereitschaftsarzt
    - a ☐ muss jedes Mal in der Tageszeitung oder im Internet recherchiert werden.
    - b ☐ hat immer vom 18 Uhr bis morgens um 10 Uhr Dienst.
    - c ☐ ist unter der Nummer 116 117 zu erreichen.

37. Bei Verdacht auf einen Herzinfarkt
    - a ☐ sind sofort der Hausarzt und der Bereitschaftsarzt zu verständigen.
    - b ☐ zeigen sich oft Angst, Luftnot, Sprach- und Sehstörungen.
    - c ☐ muss sofort die Rettungsleitstelle unter der Nummer 112 angerufen werden.

Text 3

Trockenreisschleim – hochwertige Reisdiät nach Professor Fürst

Was ist die Fürst-Reisdiät?
Fürst-Trockenreisschleim ist ein diätisches Lebensmittel. Es dient zur Behandlung von Säuglingsdyspepsie (Durchfallerkrankungen) im Rahmen einer ärztlichen Verordnung. Diese Reisdiät hat sich seit Jahrzehnten als Aufbaunahrung bei Säuglingen, Schulkindern, aber auch Erwachsenen bewährt. Der Trockenreisschleim ist leicht löslich und von Natur aus gluten- und lactosefrei.

Wann kann die Reisdiät eingesetzt werden?
Bei einer leichten Durchfallerkrankung (Gewichtsverlust unter 5 %) verabreicht man täglich 150–200 ml Flüssigkeit pro kg Körpergewicht. Bei einem Gewichtsverlust von mehr als 5 % muss das Kind dem Kinderarzt vorgestellt werden. Dieser legt die Dosierung fest.

Wie kann die Fürst-Reisdiät verabreicht werden?
Für Säuglinge wird die Reisdiät als Flaschennahrung zubereitet. Die erforderliche Trinkmenge entnehmen Sie bitte dem Diätplan oder folgen Sie den Anweisungen des Kinderarztes. Fürst-Reisschleim wird im Wechsel mit einer Elektrolytdiät eingenommen.
In den ersten 12 Stunden des ersten Tages soll die Diät 3- bis 4-mal, in den nächsten 3 Tagen jeweils 2-mal eingenommen werden. Kinder und Erwachsene können bei Durchfallerkrankungen in einen Teller mit Fleischbrühe oder heißem Wasser ca. 3 bis 5 Löffel Trockenreisschleim einstreuen, verrühren und etwas salzen.
Kalte Getränke und Süßigkeiten sind zu vermeiden.
Sollte der Durchfall innerhalb von 2 Tagen nicht abklingen, bitte unbedingt einen Arzt aufsuchen.

38. Die Reisschleimdiät ist sinnvoll
   a ☐ bei Durchfallerkranken bei Säuglingen.
   b ☐ als Zusatznahrung zu Elektrolytgetränken und Coca-Cola.
   c ☐ wenn es dem Baby schmeckt.

39. Bei länger anhaltendem Durchfall
   a ☐ kann man die Dosierung beliebig erhöhen.
   b ☐ soll man den Trockenschleim mit Fleischbrühe vermischen.
   c ☐ sollte man unbedingt nach 2 Tagen einen Arzt konsultieren.

8. Leseverstehen 4

Lesen Sie den Text. Entscheiden Sie, ob die Aussagen 40 bis 42 richtig oder falsch sind.

Organspendeausweis nach § 2 des Transplantationsgesetzes

Die Bundeszentrale für gesundheitliche Aufklärung und die Deutsche Stiftung Organspende werben für den Organspendeausweis, damit wieder mehr Menschen bereit sind, nach ihrem Tod ihre Organe zu spenden. Derzeit warten mehr als 12 000 Patienten in Deutschland auf eine Organspende. Pro Tag erhalten nur elf von ihnen ein gespendetes Organ und können ein „neues“ Leben beginnen. Die Warteliste ist also lang, und leider sterben jeden Tag drei Patienten, bevor sie ein geeignetes Organ erhalten.
Seit 2014 sind die Krankenkassen beauftragt, regelmäßig ihre Mitglieder zu befragen, ob sie zu einer Organspende bereit wären. Wer keine Erklärung abgibt, überlässt im Todesfall den Angehörigen das letzte Wort. Derzeit besitzen nur rund 20 % der Deutschen einen Organspendeausweis. Deshalb werden auch Organe aus dem Ausland importiert.
Ein einzelner Spender kann theoretisch bis zu acht Menschen retten, denn transplantiert werden Herz, Leber, Nieren, Lungen, Pankreas und Gewebe wie Augenhornhaut und Knochen.
Den Organspendeausweis kann man sich einfach im Internet unter www.organspendeausweis.biz herunterladen und gemäß den persönlichen Wü ☐ nschen ausfüllen. Das heißt, man kann angeben, ob man alle, nur bestimmte oder gar keine Organe spenden möchte. Diesen Ausweis sollte man immer im Geldbeutel mit sich führen. Damit sind die Angehörigen im Fall eines eingetretenen Hirntods entlastet, weil sie eindeutig nachvollziehen können, welche Meinung der Verstorbene zum Thema Organspende hatte. Weitere Informationen gibt es auf der oben genannten Website.

40. Ein Organspendeausweis rettet acht Menschenleben. richtig ☐ falsch ☐

41. Seit 2014 ist ein Organspendeausweis in Deutschland obligatorisch. richtig ☐ falsch ☐

42. Wenn man einen Organspendeausweis hat, brauchen die Angehörigen nicht zu entscheiden, was sie nach dem Tod eines Familienmitglieds tun sollen. richtig ☐ falsch ☐

Subtest Sprachbausteine

9. Sprachbausteine 1

Lesen Sie den folgenden Text ☐ und entscheiden Sie, welche Wörter a bis j am besten in die Lücken 43 bis 50 passen. Sie können jedes Wort nur einmal verwenden. Achtung: Nicht alle Wörter passen in den Text.

Aufnahmebericht Philomena Koch
Frau Koch wurde heute in die Seniorenresidenz Sonnenberg aufgenommen. Sie ist 84 Jahre alt und hat bis vor Kurzem ihren Haushalt selbstständig geführt. Seit einem Schlaganfall ________ (43) April dieses Jahres und einem anschließendem Krankenhausaufenthalt mit Reha wurde Frau Koch ________ (44) ihrer Tochter und einem ambulanten Pflegedienst versorgt.

Die Beweglichkeit und die Selbstständigkeit von Frau Koch sind aber so eingeschränkt, dass ein weiterer Verbleib ________ (45) ihrer Wohnung nicht möglich ist.

Frau Koch braucht wegen Lähmungserscheinungen an der linken Körperseite jetzt Hilfe ________ (46) fast allen Aktivitäten des täglichen Lebens, besonders beim Waschen und Anziehen.

________ (47) dem Schlaganfall fallen Frau Koch viele Dinge schwer, so auch selbstständig zu trinken und sich ausreichend ________ (48) Flüssigkeit zu versorgen. Obwohl sie mit Einschränkungen noch allein essen kann, fällt es ihr schwer, sodass sie manchmal zu wenig isst. Ihre Tochter nennt die mangelnde Flüssigkeits- und Nahrungsaufnahme auch als die zwei Hauptgründe, ________ (49) sie ihre Mutter zu uns in die Seniorenresidenz gibt. In den vergangenen Wochen habe sie ihre Mutter mehrfach fast dehydriert aufgefunden. Damit verbunden seien Orientierungsprobleme und unregelmäßige Tabletteneinnahme gewesen.

Frau Koch gibt an, dass sie in der Regel gut schlafe und nachts keine Probleme habe. ________ (50) nimmt sie keine Schlafmittel. Für die Abendtoilette braucht sie entsprechende Hilfe. ...

a seit	c im	e warum	g weil	i bisher
b in	d oder	f von	h bei	j mit

Zur Kontrolle können Sie die Lösung hier eintragen:

Ziffer	43	44	45	46	47	48	49	50
Buchstabe								

10. Sprachbausteine 2

Lesen Sie den folgenden Text und entscheiden Sie, welcher Begriff (a, b oder c) am besten in die Lücken 51 bis 59 passt.

Nachtdienst in der Notaufnahme
Gegen 22 Uhr wird die 76-jährige Maria Prahl eingeliefert. Ihr Ehemann hatte bemerkt, dass sie sich im Bad hinsetzen musste. Ihr wurde schwindlig und sie war einige Minuten ________________ (51). Der Notarzt veranlasste mit Verdacht auf einen Schlaganfall die Einlieferung ins Krankenhaus zur ________________ (52). Der Verdacht bestätigte sich allerdings nicht, Frau Prahl war ________________ (53) und hatte vergessen, ihre Tabletten einzunehmen. Zur ________________ (54) bleibt sie bis auf Weiteres auf Station 4. Labor und CT sind veranlasst.

Um 23.30 Uhr kommt Sebastian Fischer selbstständig mit einer ________________ (55) in die Notaufnahme. Er sei mit dem Fahrrad gestürzt und habe sich am Kopf verletzt. Am linken Knie und an beiden Händen weist Herr Fischer Schürfwunden auf. Die Platzwunde am Kopf wurde genäht, die Schürfwunden desinfiziert und verbunden. Herr Fischer machte einen etwas verwirrten und ________________ (56) Eindruck und war nicht zu weiteren Untersuchungen bereit. Er musste auf eigene ________________ (57) entlassen werden. Da Herr Fischer auch keinen Hausarzt genannt hat, ist seine weitere Behandlung ungesichert. Eine Meldung an die nächstgelegene Polizeidienststelle ist erfolgt.
Um 0.40 Uhr wird die 15-jährige Clarissa Stapel mit einer schweren Alkoholvergiftung von zwei Freundinnen mit dem Taxi eingeliefert. Dr. Sahl nimmt zur Abklärung einer möglichen ________________ (58) mit anderen Rauschmitteln eine Blutprobe. Der Kreislauf der Patientin ist stabil, nach ________________ (59) von 500 ml

Vollelektrolytlösung und 10 mg Metoclopramid (Paspertin) i.v. gegen die Übelkeit schläft sie. Zur Beobachtung ist sie auf die Station 2 eingewiesen worden. Zum Ausschluss weiterer Intoxikationen bleibt sie vorerst hier. Die Eltern sind verständigt. Nach Rücksprache mit den Eltern müssen gegebenenfalls die Sozialarbeiterin und die Psychologin eingeschaltet werden.

51.	a bewusstlos b eingeschlafen c müde	54.	a weiteren Beobachtung b Diagnose c Verlegung	57.	a Wünsche b Risiko c Verantwortung
52.	a Operation b Untersuchung c Ruhe	55.	a Kopfwunde b blutenden Wunde c Narbe	58.	a Gift b Intoxikation c Gefahr
53.	a betrunken b kalt c dehydriert	56.	a guten b alkoholisierten c betrunkenen	59.	a Gabe b Hübe c Spritzen

Zur Kontrolle können Sie die Lösung hier eintragen:

Ziffer	51	52	53	54	55	56	57	58	59	60
Buchstabe										

Subtest Schreiben

Wählen Sie **eine** Aufgabe (A **oder** B) aus.

11. Aufgabe A

Schreiben Sie einen ausführlichen Aufnahmebericht als zusammenhängenden Text. Benutzen Sie alle Informationen aus dem Anamnesebogen. Sie können auch weitere sinnvolle Details ergänzen. Schreiben Sie ca. 120 bis 170 Wörter.

Städtisches Krankenhaus Willersberg	**Am Auwald 6**	**82467 Willersberg**	
Patient/Patientin:	Anna Schmitz	Datum:	15.5.2023
Geboren am:	21.9.1939	Einschätzung erfolgt durch:	Dr. Schmidt
Diagnose:	entgleister Diabetes mellitus		
Gewohnheiten/Wünsche/Ressourcen	**Hilfeform**	**Hilfebedarf**	
3. Vitale Funktionen aufrechterhalten		hat ☐ erhöhten ☒ niedrigen Blutdruck	
Wird regelmäßig Blutdruck gemessen? ja ☒	vÜ	hat ☐ Durchblutungsstörungen	
Wird regelmäßig Blutzucker gemessen? ja ☒	B	hat ☒ Diabetes ☐ neigt zu Unterzuckerung ☐ neigt zu Überzuckerung	
Welche Umgebungstemperatur ist Ihnen angenehm? Friert eher leicht, möchte es lieber wärmer		☒ leidet unter Sauerstoffmangel	
Nehmen Sie regelmäßig Medikamente ein? Nimmt seit ca. 8 Jahren Metformin ein, morgens 1 x und abends 1 x		kann Bronchialsekret ☐ schlecht ☐ nicht abhusten ☐ leidet unter starkem Auswurf ☒ hat leichte Atemnot	
Brauchen Sie Hilfe bei der Medikamentenversorgung? Antihypertonikum anpassen nach RR			

4. Sich pflegen		☐ Waschen ☐ Duschen ☐ Baden
Welche Vorlieben haben Sie bei der Körperpflege? *Badet sehr gern mehrfach wöchentlich*	*tÜ*	☐ Oberkörper ☐ Haare ☒ Unterkörper
Welche Körperpflegemittel benutzen Sie? *Feuchtigkeitscreme Lana*		☐ Rasur
Wie pflegen Sie Ihre Haare, Fuß- und Fingernägel? *Mobile Friseurin und Fußpflegerin kommen bei Bedarf ins Haus*	*tÜ*	☒ Fuß- ☒ Fingernagelpflege ☐ Intimpflege ☐ Hautpflege ☐ Gesichtspflege
Benutzen Sie hierzu Hilfsmittel?		
Benötigen Sie Hilfe bei der Fußpflege? ☒		
Benötigen Sie Hilfe bei der Zahnpflege? ☐ *Regelmäßige Kontrolle durch Zahnarzt Dr. Erhard*		☐ Mund- ☐ Zahnpflege
B = Beaufsichtigung A = Anleitung vÜ = vollständige Übernahme tÜ = teilweise Übernahme		

12. Aufgabe B

Schreiben Sie einen ausführlichen **Biografiebericht** als zusammenhängenden Text. Benutzen Sie **alle** Informationen aus dem Biografiefragebogen. Sie können weitere sinnvolle Details ergänzen. Schreiben Sie ca. 120 bis 170 Wörter.

Seniorenresidenz Sonnenhöhe	**Bergstr. 14**	**94217 Sommerfeld**	
Bewohner/Bewohnerin:	*Helmut Schulz*	Datum:	*22.6.2023*
Geboren am:	*16.10.1941*	Befragung durch:	*Eva Heinze*
Erinnerung an die Jugendzeit, familiäre Ereignisse, historische Ereignisse, Alltag ...			
Vater im 2. Weltkrieg gefallen, Einzelkind, streng katholisch erzogen, Mutter schickte ihn mit 10 Jahren auf ein katholisches Internat in Tübingen			
Schule, beruflicher Werdegang, besondere Kenntnisse, besondere Lebensleistungen			
Abitur 1960 *Studium der Mathematik und Physik in Stuttgart von 1960 bis 1965* *Lehrer an einem katholischen Gymnasium*			
Stationen des Lebens			
An der Universität lernt er seine spätere Frau Maria kennen *Heirat 1968, zwei Kinder 1970 Ludwig, 1973 Cornelia* *Seine Tochter hat zwei Söhne im Alter von 21 und 25 Jahren* *Frau 2019 an Brustkrebs verstorben*			
Lebensbewältigung, was steht im Leben im Vordergrund? In welcher Lebensphase befindet er/sie sich gedanklich? Welche Möglichkeiten, Wünsche und Bedürfnisse gibt es?			
Seit dem Tod der Frau allein lebend, beschäftigte sich sehr viel mit seinem Garten, nach dem Tod des Hundes Gustl 2022 geht er kaum noch aus dem Haus. *Macht gern Sudoku,* *telefoniert wöchentlich mit seinen Kindern, die zurzeit beide im Ausland leben,* *leidet darunter, dass er seinen Alltag nicht mehr ohne Hilfe bewältigen kann und sein Haus verlassen muss*			

Schreiben Sie nun den Aufnahme- (Aufgabe A) **oder** Biografiebericht (Aufgabe B).
Achten Sie darauf, dass alle Informationen aus dem Aufnahmebogen verwendet werden. Inhaltlich sinnvolle Ergänzungen sind möglich. Der Text sollte ca. 120 bis 170 Wörter umfassen.

Teil 2 – Mündliche Prüfung

Subtest Sprechen

1. Über Erfahrungen und Meinungen sprechen

Teilnehmer/in A

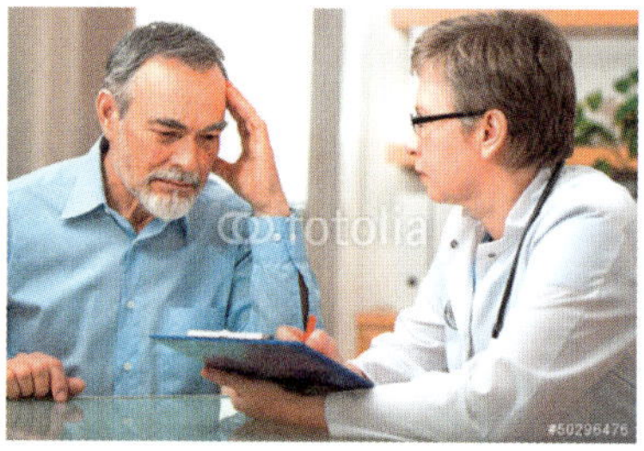

A Was sehen Sie auf diesem Bild?
Welche Situation zeigt es?

B **Thema: Mit einem Patienten über physiotherapeutische Angebote in der Klinik sprechen.**
Schildern Sie, welche Erfahrungen Sie damit haben. Beantworten Sie anschließend die Fragen des Prüfers bzw. der Prüferin.

Teilnehmer/in B

A Was sehen Sie auf diesem Bild?
Welche Situation zeigt es?

B **Thema: Mit einem Bewohner über Mobilität sprechen.**
Schildern Sie, welche Erfahrungen Sie damit haben. Beantworten Sie anschließend die Fragen des Prüfers bzw. der Prüferin.

2. Kurzvortrag

Hinweis: Teilnehmer/in A und Teilnehmer/in B erhalten jeweils beide Vorlagen.

A Sie sollen einer neuen Kollegin über Ihren Beruf berichten.
Bitte wählen Sie eines der beiden Themen und stellen Sie es kurz vor. Die Stichworte und Bilder können Ihnen dabei helfen. Ihr Kurzvortrag sollte etwa zwei Minuten dauern.

B Beantworten Sie anschließend die Fragen des Prüfers bzw. der Prüferin.

Thema 1: Schwer kranke Patienten ansprechen und Ihnen Mut machen.

Thema 2: Ist die Arbeit mit manchen medizinischen Geräten besonders anstrengend?

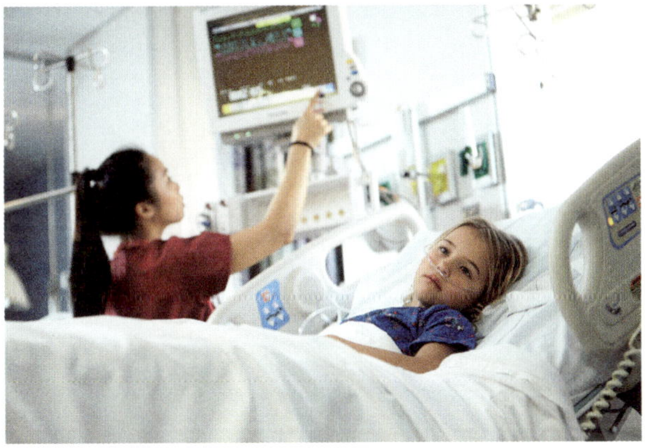

Hinweis: Es ist möglich, dass beide Teilnehmer/innen das gleiche Thema wählen.

3. Diskussion (Pausengespräch) über Sport in der Freizeit

Hinweis: Teilnehmer/in A und Teilnehmer/in B erhalten die gleiche Vorlage.

Situation: Sie wollen in Ihrer Freizeit Sport machen. Jetzt diskutieren Sie mit Ihren Kollegen, was Ihnen Spaß macht und was am besten zu Ihren Dienstzeiten passt. Vielleicht können Sie mit Ihren Kollegen zusammen Sport machen.

Abschlusstest

Aufgabe: Diskutieren Sie mit Ihrem Partner, welcher Sport zu Ihnen als Pflegekräfte am besten passt. Begründen Sie Ihre Meinung und nennen Sie Beispiele. Die Meinungen in den Sprechblasen können Ihnen helfen.

In den Lösungen finden Sie auch Hinweise zur Gewichtung der einzelnen Prüfungsteile. Wie viele Punkte haben Sie erreicht?

Lösungen

Lösungen

L

Lösungen

Kapitel 1 – Ankommen in Deutschland

1. **1.** dem/wo, die, denen; **2.** die; **3.** der; **4.** der; **5.** wo; **6.** den; **7.** denen
2. **2.** alles; **3.** ganzer Satz; **4.** Vieles
3. Individuelle Lösungen
4. Beispiellösungen: Die neuen Kollegen sagen, dass der Dienstplan sehr gerecht ist/sei. – Meine Nachbarin im Wohnheim sagt, dass sie abends manchmal in eine Bar in der Stadt geht. – Mein Kollege hat bemerkt, dass die Deutschen in ihrer Freizeit wenig zusammen machen. – Er erwähnte, dass die Leute hier viel mit dem Fahrrad fahren. – Carla meint, dass sie schnell Kontakte mit deutschen Kollegen knüpfen kann.
5. **1.** die Menschen in öffentlichen Verkehrsmitteln kaum oder nur leise miteinander sprechen. **2.** man sich in der Öffentlichkeit die Nase putzt. **3.** sich die Deutschen am Telefon mit ihrem Namen melden. **4.** man hier auch Süßes zu Mittag isst. **5.** die Leute in einem mit Wasser gefüllten Spülbecken ihr Geschirr abspülen. **6.** neben der Hausklingel die Namen der Hausbewohner stehen. **7.** man bei einer deutschen Familie nicht nach 22 Uhr anrufen sollte. **8.** die Geschäfte sonntags geschlossen sind.
6. **2** ohne "es" (= fakultativ) möglich: Beispielsatz 1, 3, 4, 5, 7 **3. 1.** Dass die Menschen in öffentlichen Verkehrsmitteln kaum oder nur leise miteinander sprechen, findet Juan seltsam. **2.** Dass man sich in der Öffentlichkeit die Nase putzt, hält Bianca für unhöflich. **3.** Dass die Deutschen sich am Telefon mit ihrem Namen melden, findet Karim gut. **4.** Dass man hier auch Süßes zu Mittag isst, findet Jana merkwürdig. **5.** Dass die Leute in einem mit Wasser gefüllten Spülbecken ihr Geschirr abspülen, gefällt Alina nicht. **6.** Dass neben der Hausklingel die Namen der Hausbewohner stehen, irritiert Olek. **7.** Dass man bei einer deutschen Familie nicht nach 22 Uhr anrufen sollte, findet Mirta komisch. **8.** Dass die Geschäfte sonntags geschlossen sind, hat uns überrascht.

EXTRA

1. + Hallo Paula, wie geht **es** dir? – Danke, mir geht **es** gut. Und dir?
2. + Wie war Ihr erster Arbeitstag? – Oh, gut, aber anstrengend. Eine Kollegin war krank und **es** gab viel zu tun. Aber **es** waren alle sehr nett zu mir.
3. + Entschuldigung, Emma, kann ich dich kurz stören? **Es** geht um meinen Urlaub. – **Es** tut mir leid, aber ich habe es eilig. Können wir morgen darüber sprechen?
4. + **Es** hat mich irritiert, dass du dich am Telefon nicht mit deinem Namen meldest. – Entschuldige, aber **es** ist bei uns in Rumänien normal, sich nur mit „Hallo" zu melden.
5. – Was machst du denn am Wochenende? + **Es** ist noch nicht sicher, ob ich in die Berge fahre. **Es** ist davon abhängig, wie das Wetter wird. – Ich habe gehört, dass **es** schneien soll.
6. **Es** hat geklingelt. Das ist bestimmt die Post.
7. Oh, **es** ist schon dunkel. Wie spät ist **es**? Ich muss um 17 Uhr meine Tochter abholen.

Kapitel 2 – Pflege in Deutschland

EXTRA 1

1. operationstechnischen Assistenten; **2.** Wohnbereichsleitung; **3.** Stationsleitung; **4.** Hol-und-Bring-Dienst; **5.** Kinderpflegefachkräfte; **6.** Intensivpflege; **7.** Studium

1. **1.** ..., einem Patienten Blut abzunehmen. **2.** ..., einen Mentor als Ansprechpartner zu haben. **3.** ..., keine Infusion anlegen zu dürfen. **4.** ..., immer sofort nachzufragen, wenn ich etwas nicht genau verstehe. **5.** ..., meine Heimat verlassen zu haben. **6.** ..., schnell Deutsch zu lernen. **7.** ..., seinen Geburtstag mit ihm zu feiern. **8.** ..., wegen Personalmangels eine Station schließen zu müssen. **9.** ..., alle Abteilungen in der Klinik kennenzulernen. **10.** ..., sich auf neue Tätigkeiten einzustellen. **11.** ..., eine Spritze zu geben, aber du darfst es nicht.
2. 1 Die Pflegefachperson ...; 2 Die neue Pflegekraft ...; 3 Im nächsten Schritt ...
3. **1.** ..., in der Toilette zu rauchen. **2.** ..., die Großeltern zu Hause zu versorgen? **3.** ..., den Patienten beim Waschen zu unterstützen. **4.** ..., mit den Patienten zu sprechen. **5.** ..., im Team den Dienst zu tauschen? **6.** ..., ohne Anerkennung in Deutschland zu arbeiten.
4. a 3; b 2; c 1; d 9; e 5; f 6; g 7; h 4; i 8
5. **2.** Man arbeitet oft mit Chemikalien. Daher darf man keine Allergien haben. **3.** Pflegepersonal hat oft Schichtdienst. Darum muss es belastbar sein. **4.** Manche Pflegefachkräfte wollen beruflich weiterkommen. Deshalb wollen sie eine Weiterbildung machen. **5.** Ein Pflegefachmann muss oft schwere Patienten betten. Daher muss er körperlich fit sein. **6.** Kinder schreien und weinen oft. Deswegen sollte man als Kinderpflegefachfrau gute Nerven haben. **7.** Pflegepersonal kommt mit vielen infektiösen Krankheiten in Kontakt. Daher muss es geimpft sein. **8.** Patienten haben oft Verletzungen. Deswegen muss eine Pflegefachfrau Blut sehen können. **9.** Manchmal treten Notfälle auf. Deshalb muss man Stress aushalten können.

EXTRA 2

1. Bewohner beim Einkaufen begleiten, mit den Bewohnern zum Arzt gehen, mit ihnen spielen, ihnen beim Essen helfen.
2. Mögliche Lösung: Ein/e Betreuungsassistent/in sollte vor allem viel Geduld mitbringen, denn alte Menschen brauchen für viele Alltagsdinge länger als junge Menschen. Er/Sie sollte gut zuhören können, ein Herz für alte Menschen haben.
3. Liebe Anna,
ich hoffe, dass es dir gut geht. Bist du immer noch auf der Suche nach einem Job?
Ich hätte da etwas für dich: Ich habe hier in Nürnberg eine Stellenanzeige gelesen, die für dich vielleicht interessant ist. Man sucht eine Betreuungsassistentin / eine Alltagshelferin für eine Senioreneinrichtung. Ich weiß ja, dass du dich gerne um alte Menschen kümmerst, viel Geduld hast und gut Deutsch sprichst. Mehr Qualifikationen muss man für diese Stelle nicht haben.
Am besten schicke ich dir die Stellenanzeige gleich mal als Foto mit. Dann kannst du selbst entscheiden, ob dir das gefallen würde und du dich auf diese Stelle bewirbst.
Ich warte schon gespannt auf deine Antwort.
Liebe Grüße

EXTRA 3

1. ... Deshalb mache ich Überstunden./Ich mache deshalb Überstunden. **2.** ... Deswegen übernehme ich morgen die Spätschicht./Ich übernehme deswegen morgen die Spätschicht. **3.** ..., weil ich morgen meinen ersten Tag auf der Herzchirurgie habe. **4.** ... Darum kann ich dir leider nicht helfen./Ich kann dir darum leider nicht helfen. **5.** ..., da es ihr heute nicht so gut geht. **6.** ..., denn er war heute Morgen so hoch.

Kapitel 3 – Auf Station

1. **1.** denn, eigentlich; **2.** ja; **3.** schon; **4.** eigentlich; **5.** nur; **6.** doch ... mal; **7.** denn eigentlich; **8.** schon
2. **1.** ja, denn, eigentlich; **2.** eigentlich, doch; **3.** denn eigentlich; **4.** ja
3. **1.** über, für, nach, um, von, bis, am, seit; **2.** Dienstplan, braucht, frei, Nachtdienst; **3.** nehmen, deiner Probezeit, den Urlaub, das Formular, deinen stellst

4a. **a** Pflegepersonal: Gesundheits- und Kinderkrankenpfleger/-innen, Krankenschwester/-pfleger, Pflegefachfrauen, Pflegeassistent:innen inklusive Stationsleitung
Ärzteschaft: Oberarzt, Assistenzärzte, PJler
Sonstiges Personal: Erzieherin, Personal der Reinigungsfirma, Stationshilfen (Hauswirtschaftshilfen)
b Das Pflegepersonal arbeitet 38,5 Stunden pro Woche. Es gibt Früh-, Spät-, Zwischen- und Nachtdienst.
c 1, 3
4b. sich bemühen um + Akk.; sich kümmern um + Akk.; zuständig sein für + Akk.; sorgen für + Akk.; bestehen aus + Dat.
5. **2.** fünftägigen; **3.** monatlich; **4.** zweimonatiges; **5.** wöchentlich; **6.** vierwöchigen; **7.** jährlich; **8.** diesjährige; **9.** halbstündlich; **10.** zehnstündige
6. **1.** Ich finde weder das Desinfektionsmittel noch den Messbecher. **2.** Sowohl meine Glocke als auch das Licht sind kaputt. / Nicht nur meine Glocke ist kaputt, sondern auch das Licht. **3.** Ich finde weder den Rollstuhl noch den Toilettenstuhl. **4.** Entweder meine Rufanlage ist defekt oder ich kann sie nicht richtig bedienen. **5.** Der Patient benutzt weder seinen Gehstock noch nimmt er seinen Rollator. **6.** Das EKG steht entweder im Geräteraum oder in Zimmer 110 bei Frau Frei. **7.** Ich habe sowohl am Donnerstag als auch am Freitag Dienst. / Ich habe nicht nur am Donnerstag, sondern auch am Freitag Dienst.
7. **2.** Ein Notrufknopf ist ein Knopf für den Notruf. **3.** Ein Waschlotionsspender ist ein Spender für die Waschlotion. **4.** Ein Schleimhautdesinfektionsmittel ist ein Mittel für die Desinfektion der Schleimhaut. **5.** Ein Patientenbadezimmer ist ein Badezimmer für Patienten. **6.** Eine Arbeitszeitenregelung ist eine Regelung für die Arbeitszeiten. **7.** Ein Personalwohnheim ist ein Wohnheim für Personal.
9. a 1; b 2; c 1; d 1; e 3; f 3
10. -en; -en; bestimmte Artikel; maskulin und neutral
11. **1.** dem linken; den rechten; **2.** Saubere, dem (im), hinteren; dem weißen; **3.** Kleine, der oberen, dem (im), dem

EXTRA 1

1. Orthopädie; **2.** Entbindungsstation; **3.** Röntgenabteilung; **4.** Urologie; **5.** Unfallchirurgie; **6.** Hals-Nasen-Ohren-Klinik (HNO); **7.** Hautklinik; **8.** Inneren Medizin; **9.** Kinder- und Jugendpsychiatrie

EXTRA 2

1. draußen; **2.** draußen; **3.** Draußen, drinnen, draußen; **4.** drinnen; **5.** draußen; **6.** draußen, drinnen; **7.** drinnen; **8.** draußen; **9.** drinnen, draußen

Kapitel 4 – Hygienewissen

1. **1.** Ich habe die Waschschüsseln schon desinfiziert und aufgeräumt. **2.** Das Reinigungspersonal füllt gerade die Seifenspender auf. **3.** Die Stationsleitung hängt den Desinfektionsplan im unreinen Raum über dem Waschbecken auf. **4.** Das Klinikum reinigt und bügelt meine Arbeitskleidung.
2. **2.** die Urinflaschen geleert worden sind. **3.** der Rollstuhl schon eingesprüht wurde. **4.** nächstes Jahr wieder Schulungen angeboten werden. **5.** der Toilettenstuhl in den unreinen Raum gebracht worden ist. **6.** die Betten in der Bettenzentrale desinfiziert werden.
4. **A** die Fäkalienspüle; **B** der Patient/die Patientin; **C** das Stationszimmer/der Pflegestützpunkt
5. **1.** Für die Hauskrankenpflege muss keine Arbeitskleidung vorgeschrieben werden. **2.** Privat- und Arbeitskleidung müssen separat gewaschen werden. **3.** Patienten können durch lange Fingernägel verletzt werden. **4.** Letzten Monat konnte keine Fortbildung zur Händehygiene angeboten werden. **5.** Erreger sind häufig durch die Hände auf Patienten oder Personal übertragen worden.
6. **2.** ..., weil privat- und Arbeitskleidung separat gewaschen werden müssen. **3.** ..., weil Patienten durch lange Fingernägel verletzt werden können. **4.** ..., weil letzten Monat keine Fortbildung zur Händehygiene angeboten werden konnte. **5.** ..., weil Erreger häufig durch die Hände auf Patienten oder Personal übertragen worden sind.
7. **1.** Der Wäschewagen war aufgefüllt und der Abfallsack (war) gewechselt. **2.** Das Nachtschränkchen ist bereits gereinigt. **3.** Die Infusionsflasche war schon in den Abfall geworfen. **4.** Der Besucher ist über die Infektionsgefahr aufgeklärt.
9. **1.** Bakterium/Erreger; **2.** ansiedeln; **3.** auslösen; **4.** ausbrechen; **5.** unempfindlich; **6.** weitergeben; **7.** ansteckend; **8.** haften; **9.** tragen
10. Isolierung – isolieren; Aufbewahrung – aufbewahren; Berührung – berühren; Ansteckung – anstecken; Desinfektion – desinfizieren; Infektion – infizieren; Isolation – isolieren; Sterilisation – sterilisieren

EXTRA

a. Einladung zur Hygieneschulung; Hygieneschulung verschoben
b. Absage Hygieneschulung am 25.2.2024
Sehr geehrte Frau Lob,
vielen Dank für Ihre Nachricht.
Ich habe mich für den 11.2.2024 zur Hygieneschulung angemeldet. Leider kann ich den neuen Termin am 25.2.2024 nicht wahrnehmen, weil in dieser Zeit Ferien sind und wir schon einen Urlaub gebucht haben.
Könnten Sie mir bitte mitteilen, ob es noch einen weiteren Termin zur Hygieneschulung im Jahr 2024 gibt?

Vielen Dank für Ihr Verständnis und Ihre Antwort.

Mit freundlichen Grüßen
Beate Neuer
Station 3, Gynäkologie

Kapitel 5 – Der Patient

2b. die Augen, einen steifen Nacken, ihre rechte Schulter, rechtes Handgelenk, der untere Rücken, ihre Finger, ihre Hals- und Lendenwirbelsäule
3. Beispiellösung: **1.** das Knie anziehen; **2.** die Finger und Zehen spreizen; **3.** die Augen öffnen und schließen; **4.** den Fuß nach außen/innen drehen; **5.** das Bein / den Arm anwinkeln; **6.** den Po heben; **7.** den Po anspannen; **8.** den Arm beugen und strecken

4.

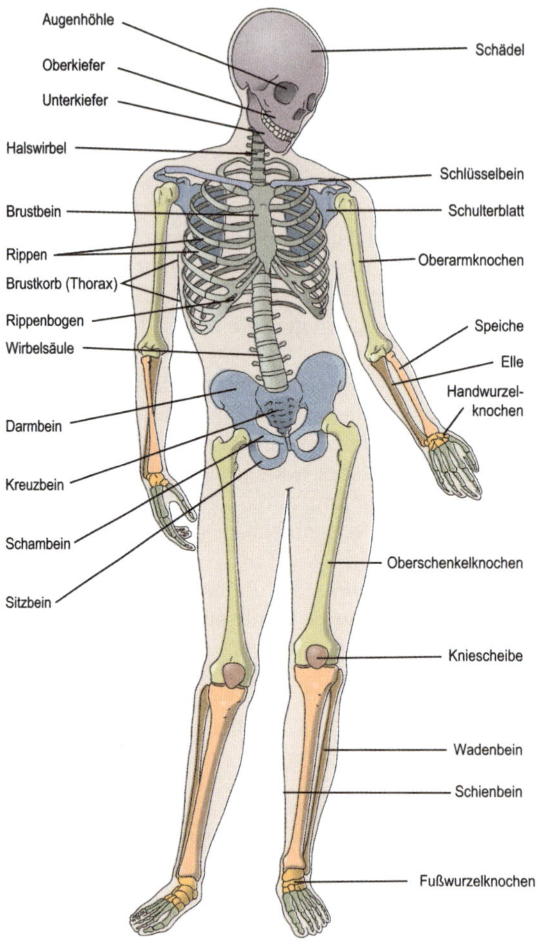

5. Abbildung links: Hepar = die Leber; Ductus hepaticus = der Lebergallengang; Vesica biliaris = die Gallenblase; Colon ascendens = aufsteigender Dickdarm; Caecum = der Blinddarm; Appendix = der Wurmfortsatz; Abbildung rechts: Ventriculus = der Magen; Pankreas = die Bauchspeicheldrüse; Duodenum = der Zwölffingerdarm; Jejunum = der Dünndarm; Colon descendens = absteigender Dickdarm; Rektum = der Mast-/Enddarm

6. 1 e; 2 d; 3 a; 4 c; 5 b

7. **1.** Allergie, Hautarzt; **2.** Uteruskarzinom, Frauenarzt; **3.** Röntgenarzt, Bruch, Bänder; **4.** Durchfall, Internisten (= n-Deklination); **5.** Hüfte, Orthopädin

EXTRA

1. die Haut; **2.** die Leber; **3.** die Niere(n); **4.** der Magen; **5.** die Lunge; **6.** das Gehirn; **7.** die Bauchspeicheldrüse; **8.** die Harnleiter (Pl.), die Harnblase

8. **2.** eine lachende Frau; **3.** tränende Augen; **4.** ein drückender Schmerz; **5.** eine kühlende Creme; **6.** ein wärmendes Kissen; **7.** verletzende Worte; **8.** anhaltende Beschwerden; **9.** ein behandelnder Arzt

9. **2.** Nach dem Trinken von Kaffee/Kaffeetrinken (Nomen + Verb = Nomen); **3.** Vor dem Schlafengehen; **4.** Beim Machen der Betten/Bettenmachen; **5.** Beim Joggen; **6.** Vor dem Putzen meiner Zähne/Zähneputzen; 7. beim Laufen, im Stehen

11. **1.** Herr ... hat heute beim Anziehen das Gesicht verzogen und gestöhnt. **2.** Frau ... hat heute im Liegen den Kopf überstreckt. **3.** Herr ... ist heute Morgen zusammengezuckt, als ich ihn am Oberarm berührt habe. **4.** Frau ... hat sich heute beim Gehen die ganze Zeit den unteren Rücken gehalten. **5.** Herr ... hat heute bei der physiotherapeutischen Behandlung gejammert und das Gesicht verzogen. **6.** Frau ... ist heute den ganzen Tag inaktiv gewesen und hat beim Abendessen kaum gesprochen.

12. **1.** Gelenk: Welches? linkes Knie; **2.** seit 7 Tagen; **3.** dauernd; **4.** abends; **5.** zwischen 7 und 8; **6.** Verstärkung: Bewegung, Sitzen; Linderung: Liegen, Ruhe, Wickel mit Quark; **7.** ziehend, blitzartig stechend; **8.** ja, seit 3 Tagen, Medikament (Dosierung) 400 Ibuprofen 1× täglich abends, manchmal auch nachmittags

Kapitel 6 – Vitalzeichen messen und beobachten

1. **1** Kreislaufkollaps; **2** unwohl; **3** verschwommen sah; **4** blass; **5** kaltschweißig; **6** Schweißperlen; **7** fadenförmig; **8** schwindelig; **9** schwarz vor Augen
2. Rasselnde und gurgelnde Geräusche bei der Atmung, Schleim wird nicht mehr abgehustet. Atmung immer schwächer und unregelmäßig. Einatmen wird kürzer, das Ausatmen dauert länger. Schnappatmung: lange Atempausen, Sterbender schnappt nach Luft.
3. Weißlicher, chronische; Schleimiges, eitriges, grüngelbes, bakterielle; Rotbraunen; zähes
Farbe: weißlich, grüngelb, rotbraun; **Viskosität:** schleimig, eitrig, zäh; **Geruch:** süßlich, faulig
4. blass; **2** zittern; **3** eine Hypoglykämie/einen Unterzucker; 4 müde; 5 Übelkeit; 6 Durst; **7** einer Hyperglykämie/Überzuckerung; **8** nachspritzen
5a. Individuelle Lösungen
5b. **1.** Damit Sie ruhiger atmen können, gebe ich Ihnen ein bisschen Sauerstoff. **2.** Damit er besser durchblutet ist, reibt sich Frau Holler den Finger. **3.** Nehmen Sie bitte Ihr Hörgerät heraus, damit ich später bei Ihnen Temperatur messen kann. **4.** Gib mir bitte die Kurve, damit ich den Wert gleich eintragen kann. **5.** Er hat Handschuhe getragen, um sich nicht anzustecken. **6.** Ich spritze Ihnen acht Einheiten Altinsulin, damit Ihr Blutzucker schneller sinkt.
6. **1.** Ich kontrolliere noch mal Ihren Blutdruck, weil er so niedrig war / ..., um zu sehen, ob er gestiegen ist. **2.** Ich messe noch mal Ihre Temperatur, weil Sie sich heiß anfühlen / ..., um zu sehen, ob sie erhöht ist / ob Sie Fieber haben. **3.** Ich überprüfe noch mal Ihren Blutzucker, weil er erhöht war / ..., um zu sehen, ob er gesunken ist. **4.** Ich messe mal Ihren Blutdruck, weil Sie sich unwohl fühlen / ..., um zu sehen, ob er zu niedrig ist. **5.** Ich überprüfe noch mal Ihren Puls, weil er beim Messen unregelmäßig war / ..., um zu sehen, ob er wieder regelmäßig ist.
7. 22:00 Uhr: Pat. fühlte sich unwohl. T 39,9, RR 145/90, P 118, BZ-Kontrolle 220 mg/dl. Auf äAO 500 mg Paracetamol supp. sowie 4 I.E. Altinsulin s. c. verabreicht. Pat. aufgefordert, viel zu trinken. 22:30 Uhr: T 38,8 und BZ 140 mg/dl. Pat. war nass geschwitzt. Hemd und Bettwäsche gewechselt. 23:00 Uhr: T 38,2. Pat. klagt nicht mehr über Unwohlsein. 24:00 Uhr: Pat. atmet ruhig und schläft. 6:00 Uhr: T 37,6. Pat. äußert, sich wegen der unruhigen Nacht noch etwas schwach zu fühlen.

EXTRA

a. Parameter: HF/EKG; PLS; Blutdruck (NIBP); **Was?:** die Atemfrequenz; die Körpertemperatur; die periphere Sauerstoffsättigung; **Womit?:** Elektroden; Blutdruckmanschette; Pulsoximeter
b. Apparat; Blutdruck; überwachen; gibt ... an; Sauerstoffgehalt; ablesen; Ursache

Kapitel 7 – Körperpflege

1. **a.** auffüllen; **b.** glatt ziehen; **c.** anbringen; **e.** treten; **f.** aufschütteln; **g.** flach stellen
2. **2.** Zum Verstellen des Kopf- oder des Fußteils brauchen Sie ... **3.** Zum Anbringen des Bettgitters bräuchte ich ... **4.** Zum Flachstellen des Kopfteils drücken Sie ... **5.** Zum Beziehen des Betts hole ich ... (Anmerkung: In der Umgangssprache verwendet man oft statt des Genitivs von + Dativ, Bsp.: „zum Beziehen vom Bett")
3. **2.** Zum Rasieren benutze ich einen Rasierapparat. **3.** Zum Kämmen nehme ich eine Haarbürste. **4.** Zum Pflegen der Nägel verwende ich eine Nagelfeile. **5.** Zum Zähneputzen brauche ich eine Zahnbürste. **6.** Zum Duschen verwende ich ein Duschgel. **7.** Zum Trocknen der Haare benutze ich einen Föhn.
4. Mögliche Lösungen: **Zeile 1:** zum Beißen/Essen, zur Hautpflege nach dem Rasieren/der Rasur; **Zeile 2:** zum Zähneputzen, zum Mundausspülen, zum Pflegen der Haut/zur Hautpflege; **Zeile 3:** zum Kämmen der Haare, zum Schutz vor Schweißgeruch, zum Schneiden der Nägel; **Zeile 4:** um gut zu riechen (keine Nominalisierung möglich), zum Waschen des Körpers/des Gesichts, zum Waschen der Hände; **Zeile 5:** zum Schneiden der Nägel, zum Kauen, zum Rasieren
5. **2.** Sie, mir; **3.** Ihnen; **4.** mir; **5.** Sie; **6.** Sie, mir; **7.** ihr, Ihr; **8.** ihm, ihn; **9.** mir, es
6. **2.** Möchte Frau Grau sich die Nase putzen? Ja, sie möchte sie sich putzen. **3.** Föhnt sich Herr H. nach dem Duschen die Haare? Natürlich föhnt er sie sich nach dem Duschen. **4.** Waschen Sie sich das Gesicht mit einem Waschlappen? Ja, ich wasche es mir mit einem Waschlappen. **5.** Rasiert sich ihr Vater den Bart selbst? Ja, normalerweise rasiert er ihn sich selbst. **6.** Cremst du dir immer die Hände nach dem Desinfizieren ein? Klar creme ich sie mir immer nach dem Desinfizieren ein.
8. **1.** trocken, rissig; **2.** Hornhaut; **3.** Brandblase; **4.** Hämatom; **5.** Pigmentflecken; **6.** zyanotisch; **7.** Delle; **8.** Hautfalte; **9.** Intertrigo
9. **1.** Nachthemden, Schlafanzüge; **2.** Unterwäsche; **3.** binden, Schnürsenkel, Klettverschluss; **4.** Krawatte; **5.** schlüpfe, Jogginganzug; **6.** Gürtel, Hosenträger; **7.** Reißverschluss, Knöpfe, zuknöpfen
10. **1. Zeile:** wechseln; **2 Zeile:** die Waschung, rasieren; **3. Zeile:** die Unterstützung, pflegen; **4. Zeile:** übernehmen, die Spülung; **5. Zeile:** die Beaufsichtigung, die Durchführung
11. **1.** Anleitung; **2.** Unterstützung; **3.** Übernahme; **4.** Beaufsichtigung
12. **1.** teilweise Übernahme; **2.** Unterstützung; **3.** Anleitung; **4.** Beaufsichtigung; **5.** vollständige Übernahme; **6.** vollständige Übernahme (der Haarwäsche); **7.** Unterstützung
13. Behandlungspflege; Grundpflege

EXTRA

a. Körperreinigung; Nahrungskarenz; Hilfsmittel und Schmuck; Prämedikation

Kapitel 8 – Ernährung und Ausscheidung

1b. **1.** Vorspeise; **2.** Beilage; **3.** Nachtisch; **4.** Portion; **5.** Kondensmilch; **6.** Süßstoff
1c. ausgewogene; Trinkmenge; ungesüßte; Gemüse; roh; Vitamine; Speiseplan; versteckte; Süßes

EXTRA 1

1. Thermoteller; **2.** Anti-Rutsch-Tischset; **3.** Essschürze; **4.** Spezialbesteck; **5.** Trinkbecher; **6.** Tellerranderhöhung

2.a. **1.** Obwohl ich zwei Portionen gegessen habe, bin ich immer noch nicht satt. **2.** Er hat viel Tee getrunken, dennoch kann er kein Wasser lassen. **3.** Obwohl der Arzt ihm Süßes verboten hat, isst er oft eine Tafel Schokolade. **4.** Obwohl ich täglich Deo benutze, rieche ich oft nach Schweiß. **5.** Auch wenn Sie Kopfschmerzen hatten, durften Sie kein Aspirin nehmen.
6. Obwohl Herr Maas untergewichtig ist, lehnt er hochkalorische Nahrung ab.
2.b. **1.** Trotz meiner Überstunden bekam ich letzte Woche nicht frei. **2.** Trotz seines Übergewichts wollte er keine Diät machen. **3.** Selbst bei starken Rückenschmerzen ging sie nicht zum Arzt. **4.** Trotz erhöhten Blutdrucks trank ich jeden Tag vier Tassen Kaffee. **5.** Selbst bei Appetitlosigkeit zwang sie sich, ein bisschen zu essen. **6.** Trotz pürierter Kost verschluckte sich Frau Kohler noch oft beim Essen.
3. **1.** zuschenken; **2.** aufgeschüttet; **3.** verklappen; **4.** auskosten; **5.** umrühren
5. **1.** Diabetesdiät; **2.** aufstehen; **3.** schieben; **4.** Appetitlosigkeit; **5.** Unterstützung; **6.** vegetarische; **7.** cholesterinarme; **8.** Kopfteil; **9.** Schonkost; **10.** Schnabelbecher; **11.** passierte; **12.** schmieren; **13.** nüchtern; **Sprichwort:** Das Auge isst mit.
6. **Einfuhr:** 2.650 ml; **Ausfuhr** 2.550 ml; **Tagesbilanz:** + 100 ml

EXTRA 2

1. einer Magensonde; **2.** Zuleitung, Nahrung, einer Magensonde; **3.** Ableitung, Blut/Wundsekret, einer (Redon-)Drainage; **4.** Zuleitung, Infusionen, einem ZVK (zentralem Venenkatheter); **5.** Zuleitung / Transfusion einer Blutkonserve; **6.** Ableitung, Harn, einem Blasenkatheter

7. **1.** Spüren Sie beim Wasserlassen noch ein Brennen? **2.** Ihr Urin ist noch blutig und stark konzentriert gewesen. **3.** Ihr Stuhl muss vom Labor auf verstecktes Blut untersucht werden. **4.** Haben Sie heute Morgen Ihr Stuhlproberöhrchen schon abgegeben?

EXTRA 3

1. urinieren, Wasser lassen; **2.** urinieren, Wasser lassen, zur Toilette gehen, abführen, den Darm entleeren; **3.** einkoten; **4.** urinieren, Wasser lassen; **5.** abführen, den Darm entleeren; **6.** zur Toilette gehen, urinieren, abführen, den Darm entleeren; **7.** zur Toilette gehen, urinieren, abführen, den Darm entleeren; **8.** abführen, den Darm entleeren; **9.** erbrechen, sich übergeben; **10.** einnässen; **11.** zur Toilette gehen, urinieren, abführen, den Darm entleeren; **12.** erbrechen, sich übergeben; **13.** Durchfall, Diarrhoe; **14.** Durchfall, Diarrhoe
Nicht verwenden: 1, 5, 9, 12, 13, 14; **Kindersprache:** 4, 8

Kapitel 9 – Prophylaxen Teil 1

1. **Abschnitt 1:** Wirkungsweise von Abführmitteln; **Abschnitt 2:** Tipps zur Anwendung
2. **1.** anregen; **2.** abführen; **3.** genügend; **4.** getrocknete Pflaumen/Feigen; **5.** aufquellen; **6.** Darmverschluss; **7.** Blähungen; **8.** kurzfristig; **9.** eine Weile; **10.** zählen zu; **11.** beschleunigen; **12.** Darminhalt
4. **1.** Je mehr Abführmittel Sie einnehmen, desto/umso mehr schaden Sie Ihrem Darm. **2.** Je ballaststoffreicher Sie essen, desto/umso besser wird Ihre Verdauung. **3.** Je häufiger Sie den Mund mit Salbeitee spülen, desto/umso mehr regen Sie Ihren Speichelfluss an. **4.** Je stärker Sie gefährdete Körperstellen entlasten, desto/umso geringer ist das Risiko eines Druckgeschwürs. **5.** Je mehr wir dokumentieren müssen, umso/desto weniger Zeit haben wir für unsere Patienten. **6.** Je weniger Sie Ihre Gelenke bewegen, desto/umso größer ist die Gefahr, dass sich Ihre Muskeln und Sehnen verkürzen.
5. 2. zerstören – zerstörte; **3.** schädigen – geschädigte; **4.** bilden – gebildete; **5.** abschürfen – abgeschürfte; **6.** verhärten – verhärtete; **7.** überwärmen – überwärmte; **8.** sich röten – gerötete

6.

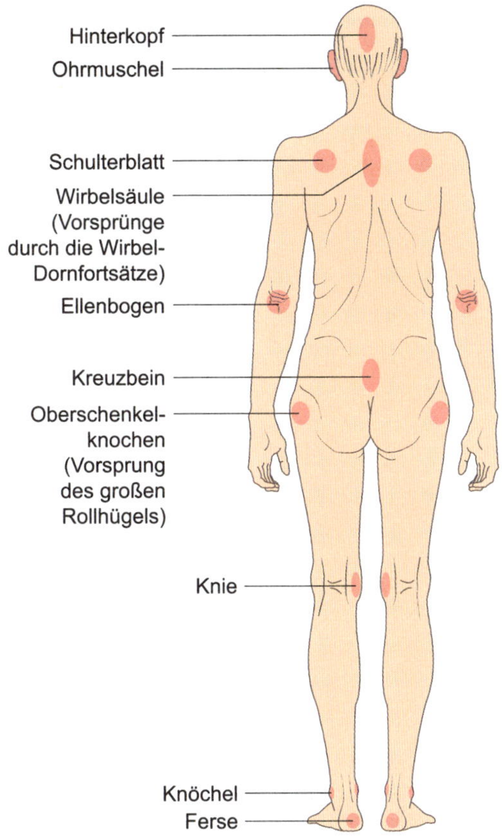

7. **1** Druck; **2** Druckintensität; **3** Druckdauer; **4** Scher- und Zugkräfte; **5** Reibung; **6** Mikroklima; **7** Gewebetoleranz

EXTRA 1

1 c; 2 b; 3 e; 4 d; 5 b;6 a, b; 7 a, b; 8 a, b; 9 f; 10 d; 11 a, b
8a. T-Positionierung; A-Positionierung
8b. **A-Positionierung:** Zuerst richtest du den Pat. auf. Dann legst du die Kissen so nebeneinander, dass die beiden inneren Spitzen leicht übereinanderliegen und in Höhe der Halswirbelsäule ein A bilden. Danach legst du ihn wieder zurück und achtest darauf, dass die Halswirbelsäule ab dem vierten Halswirbel frei liegt. Aber er bekommt noch ein kleines Kopfkissen unter seinen Kopf gelegt/für seinen Kopf. Die Arme darf/kann er auf dem Kissen ablegen. Zum Schluss fragst du ihn natürlich, ob er bequem liegt. **T-Positionierung:** Du legst die Kissen so, dass Frau/Herr ... mit der Wirbelsäule auf einem Kissen liegt/ein Kissen die Wirbelsäule unterstützt. Das zweite Kissen legst du quer, um die Schultern zu unterstützen. Die Rippen liegen frei. Anschließend legst du den Frau/Herrn ... langsam zurück auf die Kissen.
9. V-, A- oder T-Positionierung, 30- oder 135-Grad-Position, physiologische Mittelstellung

EXTRA 2

1. Kontraktur (f); **2.** Parotitis (f); **3.** Druckgeschwür (n); **4.** Aspiration (f); **5.** Soor (m)

10a. Beispiele siehe b.
10b. a 2; b 6; c 7; d 1; e 4; f 5; g 3

Kapitel 10 – Prophylaxen Teil 2

2. **1.** abhusten; **2.** inhalieren; **3.** aufsetzen; **4.** ein- und ausatmen; **5.** lüften; **6.** wegpusten; **7.** belüften; **8.** lockern; **9.** spucken
3. **1.** trockener Husten; **2.** produktiver Husten; **3.** Schnupfen; **4.** Erkältung; **5.** Influenza
4. **1.** solange; **2.** Seit; 3. solange/während; **4.** Sobald; **5.** während; **6.** Solange; **7.** bis; **8.** Seit; **9.** sobald
5. Flanken, Einatmung, Atemzügen, Ausatmung, Druck, Reiz
6. **2.** Durch Drücken und Ziehen unterstütze ich Sie in Ihren Bewegungen. **3.** ..., indem Sie sich mit den Händen an den Armlehnen abstützen und sich dann langsam auf den Stuhl absetzen. **4.** Dadurch, dass Sie beim Aufstehen mit der flachen Hand auf die Wunde drücken, schmerzt sie weniger. **5.** Durch das Anziehen und Strecken der Fußspitzen regen Sie den Blutrückfluss an. **6.** ... dadurch, dass Sie beim Bücken in die Knie gehen und nicht schwer heben. **7.** ..., indem Sie sich mit dem Becken Richtung Bettkante bewegen und dabei Ihren Oberkörper mitnehmen.

7. Vermeidung von Stürzen; Verhalten nach einem Sturz; Mögliche Sturzursachen
8b. **Zeitpunkt und Ort des Sturzes:** am 02.03.23, um 1:00 Uhr beim Rundgang. Im Zimmer auf dem Boden vor dem Bett liegend vorgefunden.
Sturzursache: Laut eigener Aussage: Über vor dem Bett stehende Hausschuhe gestolpert; schlaftrunkener Zustand aufgrund von Schlafmittel.
Sturzhergang: Laut eigener Aussage: Sie musste dringend auf die Toilette, hat ihre Brille nicht aufgesetzt und keine Hausschuhe angezogen. Sie ist über ihre Hausschuhe gestolpert und mit ihren Bettsocken, die sie nachts immer trägt, ausgerutscht.
Aktivitäten vor dem Sturz: Sie hat nach eigener Aussage geschlafen, wegen Harndrang aufgewacht.
Zustand vor dem Sturz: Sie war wegen einer Schlaftablette, die Sie genommen hatte, schlaftrunken/sehr schläfrig. Sie trug ein Nachthemd, keine Hausschuhe, sondern nur Socken.
Sturzfolge: Ihr linker Knöchel ist stark angeschwollen. Sie hat sonst keine Beschwerden geäußert. Es waren keine Verletzungen sichtbar.
Maßnahmen: Linker Knöchel wurde über Nacht mit einem Kühlbeutel gekühlt. Hausarzt wurde am Morgen verständigt, um Schwellung abzuklären. Pat. soll nach äAO Bett nur in Begleitung verlassen.

EXTRA 1

a. 1. hängenbleiben; 2. stolpern, fallen; 3. ausrutschen, hinfallen; 4. stolpern, fallen; 5. ausrutschen; 6. ausrutschen, schwindelig werden; 7. im Weg stehen/sein; 8. fallen; 9. vorfinden, aufkommen; 10. das Gleichgewicht; 11. klettern/steigen
b. Individuelle Lösung. Als Hilfe hier die Verbformen im Perfekt:
mit *sein:* ist hängengeblieben, gestolpert, (hin)gefallen, ausgerutscht, schwindelig geworden, im Weg gewesen, aufgekommen, geklettert, gestiegen
mit *haben:* hat im Weg gestanden, vorgefunden, verloren

EXTRA 2

a. Meldung: Sturz von Frau Plattner am 02.03.2023, um 1:00 Uhr
Guten Morgen, Frau/Herr ...,
ich möchte Ihnen kurz mitteilen, dass ich letzte Nacht Frau Plattner um 1:00 Uhr vor ihrem Bett liegend vorgefunden habe. Ihr linker Knöchel ist seitdem geschwollen, aber sie hat sich keine weiteren sichtbaren Verletzungen zugezogen. Ich habe Dr. August heute Morgen den Sturz gemeldet. Er sieht sich Frau Plattner heute noch genauer an. Bis dahin hat er Bettruhe verordnet.
Das Sturzprotokoll wurde von mir ausgefüllt.
Viele Grüße
b. Möglicher Dialog:
PP: Guten Morgen, Dr. August. Hier spricht ... von Station 2B, Seniorenzentrum Auendorf.
Arzt: Hallo, Frau/Herr .... Was kann ich für Sie tun?
PP: Ich rufe Sie an, weil ich Ihnen einen Sturz melden muss. Letzte Nacht habe ich Frau Plattner um 1:00 Uhr vor ihrem Bett liegend vorgefunden. Sie wollte zur Toilette gehen und ist dabei gestürzt. Ihre Vitalzeichen waren in Ordnung, der Blutdruck ..., der Puls ..., aber ihr linker Knöchel war leicht geschwollen. Ich habe keine weiteren sichtbaren Verletzungen entdeckt. Sie fühlt sich so weit gut, aber heute Morgen war ihr Knöchel stärker geschwollen und sie klagt über Schmerzen bei Bewegung.
Arzt: Gut, danke für die Benachrichtigung. Ich werde in ca. zwei Stunden vorbeikommen, um mir Frau Plattner genauer anzusehen. Sie soll bis dahin das Bett nur in Begleitung verlassen.
PP: In Ordnung. Ich werde das an die nächste Schicht weitergeben. Danke und auf Wiederhören.
Arzt: Gerne. Auf Wiederhören.

9a. Siehe 9b.
9b. a 2; b 3; c 1; d 5; e 4

Kapitel 11 – Pflegetechniken

1. **1.** prominente Stomaanlage; **2.** endständiges Stoma; **3.** doppelläufiges Stoma
2. **1.** einem Beutel; ..., **dass** bei einem Wechsel das ganze System erneuert werden muss. **2.** einer Basisplatte; ..., **dass** der Beutel von der Platte getrennt und separat gewechselt werden kann. **3.** Systeme
3. rückfettende Waschlotion, Schwamm und Waschlappen, Enthaarungscremes
5. **1.** davon; **2.** darunter; **3.** damit; **4.** dazu; **5.** darüber, daran; **6.** dafür, darum; **7.** um, Darum; **8.** über, über
6a. durch, für, ohne, gegen, um; auf, über + Akkusativ; aus, bei, mit, nach, seit, von, zu; unter, vor + Dativ; durch, für, ohne, gegen, um; in, an + Akkusativ/Dativ
6b. **1.** Ich habe mit dem Operateur geredet. Mit wem hast du geredet? **2.** Wir haben über den Dienstplan diskutiert. Worüber habt ihr diskutiert? **3.** Ich habe mich über Maria geärgert. Über wen hast du dich geärgert? **4.** Er hat auf die PT gewartet. Auf wen hat er gewartet? **5.** Wir haben uns um Frau Lorenz gekümmert. Um wen habt ihr euch gekümmert?

EXTRA 1

Von rechts im Uhrzeigersinn: die Prostata, der Nebenhoden, der Hoden, der Hodensack, die Vorhaut, die Eichel, die Harnsamenröhre

EXTRA 2

a. **1.** Verkrustungen; **2.** Genitalbereich, Harnröhrenöffnung; **3.** Spreizen, Schamlippen, Katheterschlauch; **4.** Vorhaut, Eichel; **5.** Schieben ... vor
b. **1.** Urinbeutel; **2.** Blasenniveau, zurückläuft; **3.** geknickt; **4.** Urinauffangsystem, Zusammenstecken; **5.** Ablassschlauch, ablaufen

7. **1.** Der Patient verlor so viel Blut, dass wir ihm eine Transfusion anhängen mussten. **2.** Die Verbrennungen waren so schwer, dass wir Ihre Tochter in eine Spezialklinik geflogen haben. **3.** Der Zugang war verstopft, sodass wir einen neuen legen mussten. **4.** Die Stichwunde war so tief, dass die Leber leider verletzt wurde. **5.** Beim Patienten wurde ein MRSA-Keim nachgewiesen, sodass wir ihn isolieren mussten. **6.** Meine Kollegin ist krank geworden, sodass ich am Wochenende für sie einspringen muss. **7.** Wir hatten heute einen Notfall, sodass ich keine Zeit hatte, Frau Braun zu waschen. **8.** Frau Holzingers Tochter ist berufstätig, sodass sie ihren Vater am Vormittag nicht versorgen kann. **9.** Mein Vater ist so schwach, dass er nicht mehr allein aufstehen kann.
8. **1.** ..., dass sie nach 10 Minuten schon leer war. **2.** ..., dass wir sie umziehen mussten. **3.** ..., sodass ich Sie leider auf den Flur legen muss. **4.** ..., dass er mehrmals im Aufwachraum erbrochen hat. **5.** ..., dass ich sofort den Notarzt alarmiert habe/alarmierte. **6.** ..., sodass wir sie morgen nach Hause entlassen können. **7.** ..., sodass sie hochkalorische Kost bekommt. **8.** ..., sodass er ohne seine Brille stark sturzgefährdet ist. **9.** ..., dass er uns ohne Hörgerät nicht versteht.
9a. Nummerierung von oben nach unten: 5; 1; 2; 7; 4; 6; 3
9b. Beispiellösung: 1. Sie sollten die Einstichstelle zwei- bis dreimal wöchentlich reinigen. **2.** Zuerst lösen Sie vorsichtig den Verband. Merken Sie sich dabei die Zahlenmarkierung, an der die Sonde herauskommt. Dann entfernen Sie die Pflasterreste am besten mit Waschbenzin und wischen mit klarem Wasser nach. **3.** Jetzt können Sie den Klemmbügel der Fixierplatte durch Hochziehen öffnen, dann die Sonde aus dem Führungskanal drücken und die Fixierplatte zurückschieben. **4.** Besprühen Sie nun die Halte-/Fixierplatte, den Sondenschlauch und die Einstichstelle mit einem Desinfektionsmittel. **5.** Mit einem sterilen Handschuh und einer sterilen Kompresse wischen Sie von innen nach außen und entfernen dabei vorsichtig Sekret und Verkrustungen. Achten Sie auch immer darauf, ob die Haut gerötet ist. **6.** Es ist auch wichtig, dass Sie die Sonde einmal wöchentlich bewegen, damit sie nicht in die Mageninnenwand einwächst. Dazu lösen Sie die Fixierplatte und schieben die PEG ein bis zwei Zentimeter vor und zurück. **7.** Danach legen Sie eine sterile Schlitzkompresse um den Schlauch auf die Einstichstelle, schieben die Halteplatte auf die Schlitzkompresse, schließen die Klemme und legen eine zweite Kompresse darauf. Zum Schluss befestigen Sie das Ganze mit einem Klebevlies/Verband.
10. **1.** Hast du schon das Ansatzstück überprüft? **2.** Vielleicht ist es rissig oder porös und du musst es austauschen. **3.** Hast du schon das Schlauchende genau angeschaut? **4.** Möglicherweise hat es kleine Risse und du musst es einige Millimeter kürzen. **5.** Hast du sie schon mit warmem Wasser, Sprudel oder Pepsinwein gespült? **6.** Dann legen wir einen desinfizierenden Salbenverband an und erneuern ihn täglich.
11. **1.** klar; **2.** distanziert; **3.** fröhlich; **4.** schläfrig; **5.** aktiv; **6.** bedrückt; **7.** eigensinnig; **8.** aufgeschlossen; **9.** ungehalten; **10.** kooperativ

Kapitel 12 – Ärztliche Anordnungen

1. 1 k; 2 j; 3 a; 4 f; 5 l; 6 c; 7 b; 8 d; 9 i; 10 g; 11 e; 12 h
2a. **1.** Anwendungsgebiete; **2.** Warnhinweise/Gegenanzeigen und Vorsichtsmaßnahmen; **3.** Dosis/Dosierung und Art der Anwendung; **4.** Mögliche Neben-/ Wechselwirkungen; **5.** Zusammensetzung (Wirkstoffe); **6.** Art der Aufbewahrung
2b. a 3; b 4; c 3; d 2; e 6; f 5; g 2, 3; h 1
3. **1** Die Infusion tropft nicht. **2** Blut läuft zurück. **3** Das Infusionssystem ist undicht. **4** Der Patient hat Schmerzen an der Einstichstelle.
5. **1.** ..., ohne sie abzuwischen. **2.** ..., ohne einen Schutzkittel zu tragen. **3.** ..., ohne davor noch mal zu schauen, ... **4.** ..., ohne das Medikament nachbestellt zu haben. **5.** ..., ohne zu überprüfen, ... **6.** ohne die Anordnung vom Arzt zu haben. **7.** ..., ohne vorher an der Tür anzuklopfen.

EXTRA

(1) Schnittwunden; (2) Stichwunden; (3) Kratz- und Bisswunden; (4) Schürfwunden; (5) Platzwunde; (6) Blasen; (7) Quetschung; (8) Verbrühung

Lösungen

Kapitel 13 – Patientenaufnahme

1.

Bewohner/in	**Gespräch am: durchgeführt von:** *Tanja Winkler*	
Vor-/Nachname: *Holler*	Geburtsname:	
Geburtsdatum:	Geburtsort:	
Familienstand:	Angehörige: *Frau Hirmer (Tochter)*	
Gewohnheiten/Wünsche/Ressourcen	**Hilfebedarf**	**Hilfeform**
1.–3. ...		
Ressourcen, Gewohnheiten/Bedürfnisse - Defizite/Probleme - Hilfsmittel		
	Hilfeform Pflegepersonal (B / A / tÜ / vÜ)	
4. Sich pflegen		
Bevorzugte Körperpflege Waschen / Duschen / Baden Rasur trocken / nass	benötigt Hilfe bei *Vollbad* Oberkörper / Unterkörper / Haar Mund- / Zahn- / Fuß- / Fingernagelpflege Bartpflege	*tü*
Bevorzugte Körperpflegemittel ______ Hautdefekte / -veränderungen ______		
5. Essen und Trinken		
Bevorzugte Speisen und Getränke *Gemüse, Salat, Hühnchen, Fisch (freitags)* Ablehnung/ Unverträglichkeiten von Lebensmitteln? *Fettes Fleisch, fette Wurst* Wie viele Mahlzeiten pro Tag essen Sie und wann? *drei* Trinkmenge pro Tag? *zu wenig (laut Tochter)*	benötigt hochkalorische (Trink)nahrung / Sondennahrung Kau-/ Schluckbeschwerden Appetitlosigkeit mundgerechtes Zubereiten / Anreichen der Nahrung benötigt Trinkbecher Erinnerungzur Flüssigkeitsaufnahme	Diät / Schonkost *B*
Mittagessen ☐ im Zimmer ☐ im Speisesaal		
6. Ausscheiden		
Kann Blase / Darmkontrollieren Toilettengang selbständig/ mit Begleitung Häufigkeit Stuhlgang Maßnahmen zur Blasen -/ Darmregulation	(leichte) Inkontinenzvon Blase/ Darm Inkontinenzvorlagen/ Urinal Toilettenstuhl / Urinflasche / Bettpfanne Dauerblasenkatheter / suprapubischen Katheter / Anus praeter Obstipation *manchmal (laut Tochter)* *gelegentlich Abführmittel (laut Tochter)*	*B (laut Tochter)*

8. Ruhen und Schlafen		
Schlafzeiten am Abend/ tagsüber (Wann, wie lange)? *21 Uhr bis 5 Uhr; kurzer Mittagsschlaf* Schlafrituale / -hilfen z. B. Licht, Raumluft, Fernsehen *eine kleine Lampe zur Orientierung in der Nacht* Medikamente? *leichte Schlaftabletten*		<u>Einschlaf</u>- / Durchschlafstörungen Gestörter Tag- Nachtrhythmus
10. Die eigene Sexualität leben		
Achtet auf gepflegtes Äußeres Trägt Schmuck Legt Wert auf Make-up / Frisur	*tü*	Bittet um <u>weibliche</u>/ männliche Pflegeperson bei <u>Intimpflege</u>/ <u>Körperpflege</u> *(Baden)*

2. **2.** kurzsichtig; **3.** unsicher; **4.** gebückt; **5.** muskulös; **6.** verkrampft; **7.** schmerzhaft; **8.** beschwerdefrei; **9.** schwindelig; **10.** zittrig; **11.** gelähmt
3a. a 9; b 4; c 6; d 7; e 5; f 10; g 8; h 2; i 11; j 3; k 1
4a. **2.** erkundigt sich, den; **3.** sich, –, ernährt; **4.** sich, zum, entschlossen; **5.** sich, der, erholen; **6.** fürchtet, sich, der; **7.** sich, ihrer, geeinigt
4b. **2.** freut sich, das; **3.** sich, den, vorbereitet; **4.** entschuldigt sich; **5.** interessiert sich, die; **6.** sich, beschweren; **7.** regt sich, auf; **8.** sorgt, sich; **9.** freut, sich; **10.** sich, bedanken
5. Bei einem Biografiebericht zu Frau Holler können Sie aus dem Hör- und Lesetext nur einige Angaben entnehmen. Sie können aber auch zusätzliche Angaben aus Ihrer Fantasie ergänzen, wenn sie sinnvoll sind. Eine mögliche Lösung:
Luise Holler wurde am 15. Mai 1932 in Nördlingen geboren. Die Familie wohnte auf einem kleinen Bauernhof in Nördlingen. Ihr Vater war Lokomotivführer und betrieb nebenberuflich mit der Mutter den Bauernhof. Frau Holler hat zwei ältere Geschwister, ihren Bruder Werner und ihre Schwester Frieda. Sie mussten jeden Tag drei Kilometer in die Schule laufen. Bei Kriegsbeginn 1939 wurden sie gezwungen, in die Hitlerjugend einzutreten. Ihr Bruder Werner musste 1943 mit 17 Jahren zum Militär, kam aber 1945 nach kurzer Gefangenschaft aus dem Krieg zurück. Die Familie litt während des Kriegs zwar keinen Hunger, aber die wirtschaftliche Situation war schlecht.
1949 konnte Frau Holler ihren Schulabschluss machen und eine kaufmännische Lehre beginnen.
1953 lernte sie ihren Mann Hermann kennen, den sie 1954 heiratete. 1957 kam ihr Sohn Werner zur Welt und Frau Holler und ihr Mann bezogen erstmals eine eigene Wohnung in Nördlingen. 1959 kam ihre Tochter Marie zur Welt.
Ihr Mann Hermann war Ingenieur und hatte eine gute Stellung, Frau Holler war Hausfrau und kümmerte sich um die Kinder. Als ihre Kinder zur Schule gingen, begann sie wieder in Teilzeit zu arbeiten. 1963 ist sie mit Ihrer Familie in ihr eigenes Haus umgezogen. 1969 gab sie Ihren Beruf auf, um ihren Vater nach einer Beinamputation zu pflegen. Die Kinder von Frau Holler, Walter und Marie, konnten beide studieren.
1983 und 1986 wurde sie Oma.
Frau Holler ist seit 8 Jahren verwitwet. 2021 ist ihr Ehemann an einer Coronainfektion gestorben. Seither lebte sie in ihrem Haus alleine. Sie hat eine Katze. Ihre Tochter, Frau Hirmer, lebt ca. 20 km entfernt und hat ihre Mutter einmal wöchentlich besucht. ...

EXTRA 1

1 b; 2 a; 3 c; 4 b; 5 b; 6 c; 7 b; 8 a

Kapitel 14 – Pflegeplanung und Dokumentation

1. **1.** brauchen, angewiesen sein auf + Akk.; **2.** verweigern, nicht erlauben, nicht zulassen; **3.** einsehen, annehmen, sich gewöhnen an + Akk., tolerieren; **4.** in der Lage sein, die Möglichkeit haben, zurecht-/ klarkommen mit + Dat., sich auskennen mit + Dat.; **5.** unterrichtet sein über + Akk., informiert sein über + Akk., kennen
2. **2.** keine Angaben; **3.** nicht so viel Alkohol, keine Leberzirrhose; **4.** kann ich nicht ohne Brille / kann ich ohne Brille nicht; **5.** trinkt nicht besonders gern; **6.** nicht geschrieben; **7.** nicht gestern schon auf die Gynäkologie; **8.** nicht ausreichend abhusten; **9.** ist es nicht möglich
3. 1 b; 2 d; 3 a; 4 f; 5 c; 6 e
4. 1 a; 2 b; 3 b; 4 a; 5 b
5. 1 a; 2 a; 3 b; 4 b; 5 b; 6 a; 7 b

Lösungen

EXTRA 1

a. Was bewegt Sie im Augenblick?; Was brauchen Sie?; Was können wir für Sie tun?
b. **Textauszug A** = Themenfeld 3 – krankheitsbezogene Anforderungen und Belastungen; **Textauszug B** = Themenfeld 1 – kognitive und kommunikative Fähigkeiten; **Textauszug C** = Themenfeld 6 – Wohnen/Häuslichkeit; **Textauszug D** = Themenfeld 2 – Mobilität und Beweglichkeit; **Textauszug E** = Themenfeld 5 – Leben in sozialen Beziehungen; **Textauszug F** = Themenfeld 4 – Selbstversorgung

6a. und 6b.
Problem: **A)** Pat. liegt die meiste Zeit des Tages im Bett. Bewegung aus dem Bett fällt ihr alleine schwer.
Ressource: **R)** Kann sich mit leichter Unterstützung und Anleitung aufsetzen. **V)** Pat. weiß, dass sie sich mehr bewegen muss.
Ziel: **L)** Pat. setzt sich mehrmals tgl. selbstständig ans Bett/an den Tisch.
Maßnahme: **M)** Pat. zu den Mahlzeiten ans Bett/an den Tisch setzen.

Problem: **C)** Fühlt sich mit Gehstützen unsicher, wenn sie alleine geht.
Ressource: **H)** Geht mit Begleitung und Anleitung sicher.
Ziel: **D)** Pat. geht selbstständig und sicher mit Gehstützen mehrmals täglich den Flur auf und ab.
Maßnahme: **E)** Zu kleinen Spaziergängen nach den Mahlzeiten anhalten und begleiten. / **B)** Pat. mind. 4× tgl. zum Gehen motivieren und dabei unterstützen.

Problem: **F)** Dekubitus Grad 1 an der linken Ferse.
Ressource: **G)** Kann im Bett Mikrobewegungen durchführen. **U)** Kennt die Gefahr eines Druckgeschwürs.
Ziel: **N)** Intakte Haut an der linken Ferse.
Maßnahme: **S)** Fersen frei positionieren. Pat. zu Mikrobewegungen auffordern.

Problem: **I)** Braucht Hilfe beim Waschen der Beine/Füße und An- und Auskleiden der Beinbekleidung.
Ressource: **J)** Kann Beine/Füße mit leichter Einschränkung bewegen.
Ziel: **O)** Pat. wäscht und kleidet sich Beine/Füße selbstständig.
Maßnahme: **T)** Übernahme beim Waschen sowie An- und Auskleiden der Beine/Füße.

Problem: **P)** Aufgrund v. Bewegungsmangel BZ leicht erhöht.
Ressource: **Q)** Pat. erkennt den Grund ihres erhöhten Blutzuckers. **V)** Pat. weiß, dass sie sich mehr bewegen muss.
Ziel: Pat. **K)** Bewegt sich ausreichend, damit BZ wieder sinkt.
Maßnahme: **B)** Pat. mind. 4× tgl. zum Gehen motivieren und dabei unterstützen. / **E)** Zu kleinen Spaziergängen nach den Mahlzeiten anhalten und begleiten.
Maßnahme **W)** passt zu allen genannten Problemen außer zu **I)**.

Kapitel 15 – Gespräche mit Kollegen, Patientenübergabe, Organisatorisches, Konflikte

1.

Infinitiv/ Person	haben	**sein**	gehen	wollen	werden
	Infinitivstamm + Endungen des Konjunktivs I				
ich	habe	**sei**	gehe	**wolle**	werde
du	habest	**sei(e)st**	gehest	wollest	werdest
er, sie, es	**habe**	**sei**	**gehe**	**wolle**	**werde**
wir	haben	**seien**	gehen	wollen	werden
ihr	habet	**seiet**	geh(e)t	woll(e)t	werdet
Sie, sie	haben	**seien**	gehen	wollen	werden

* In der 3. Person Singular (Sg.).

2. **1.** Frau Anton meint, sie könne wegen des Lärms einfach nicht schlafen. **2.** Frau Kark erwähnte, sie sei es nicht gewohnt, jeden Tag so früh zu Mittag zu essen. **3.** Herr Erikson behauptet, er bekomme nicht die richtigen Blutdruckmedikamente. **4.** Anja erklärte, sie habe zu wenig Zeit für die Pflege ihrer Patienten. **5.** Die Bewohner erzählten, der Garten im Seniorenzentrum gefalle ihnen. Er sei wunderschön.
3. **1.** ..., es seien keine Blutröhrchen von Frau Meier angekommen. **2.** ..., er habe keine Blutkonserven bestellt. **3.** ..., dass sie bereits ein Rezept für Unterarmgehstützen ausgestellt habe. **4.** ..., die Krankenkasse habe die die Kosten für die MT nicht übernommen. **5.** ..., Herr Kramer und seine Mutter hätten sich gestern heftig gestritten.
4. Individuelle Lösung

5. **1.** Könntest du Frau Reiz bitte beim Toilettengang helfen? **2.** Könntest du bitte Herrn Kurt auf Zimmer 4 noch duschen? **3.** Könntest du bitte Herrn Mayer in das Untersuchungszimmer schicken? **4.** Könntest du bitte die Aufnahmen von Frau Putz aus der Röntgenabteilung holen?
6. **1.** Beeil dich! **2.** Mach die Betten! **3.** Nimm die Laborproben mit! **4.** Bring den Abfall raus! **5.** Hilf mir mal beim Bettenmachen! **6.** Vergiss nicht die Tabletten! **7.** Jetzt ruf im Labor an! **8.** Bitte verlier jetzt bloß nicht die Nerven!
7. Mögliche Lösung: Könnte das türkischstämmige Mädchen eventuell auch schwanger sein? Will es mit seinen Eltern vielleicht nicht darüber reden? Der Vater möchte bei der Untersuchung dabei sein.

EXTRA

1. Abzüglich; 2. bezüglich; 3. Anlässlich; 4. Trotz; 5. Anstelle; 6. Infolge; 7. zugunsten; 8. Zwecks; 9. mangels; 10. Aufgrund

8. individuelle Lösung: Welche Ärgernisse es in den Kliniken oder Senioreneinrichtungen gibt, ist sowohl örtlich als auch persönlich unterschiedlich. Daher wird es eventuell sehr verschiedene Antworten geben.

Kapitel 16 – Gespräche mit anderen Berufsgruppen

7a. **1.** (Jedes Mal/Immer) Wenn; **2.** (Immer) Wenn/Sobald; **3.** (Jedes Mal/Immer) Wenn /Solange/Während; **4.** (Jedes Mal/ Immer) Wenn/Sobald; **5.** Jedes Mal/Immer wenn; **6.** Wenn; **7.** Als
7b. a 8; b 6; c 2; d 7; e 1; f 3; g 4; h 5
8. Individuelle Lösung

EXTRA

1. gewusst hätte, hätte gekocht; **2.** abgemeldet hätten, hätten gesucht; **3.** geholfen hättest, wäre gewesen; **4.** angemeldet hättet, wäre drangekommen; **5.** versäumt hätte, wäre gelaufen, hingefallen; **6.** gemacht hätten, hätte vergessen; **7.** erwähnt hättest, hätte getauscht; **8.** hätten gemacht, gehabt hätten

Kapitel 17 – Gespräche mit Angehörigen und Betreuern

1. **1.** außerordentlich/ausgesprochen/besonders; **2.** distanziert; **3.** relativ einfach; **4.** unkompliziert; **5.** typisch; **6.** außerordentlich schwach; **7.** ein bisschen eifersüchtig, einfach/viel; **8.** glücklich, ziemlich gut
2. **2.** außergewöhnlich/besonders/sehr; **3.** sehr/besonders/außergewöhnlich; **4.** ziemlich/einigermaßen/eher/relativ; **5.** ziemlich/eher; **6.** bestimmt/unbedingt/sicher; **7.** bestimmt/sicher; **8.** wahrscheinlich/vermutlich/bestimmt/wohl; **9.** gar nicht/keineswegs/überhaupt; **10.** (ganz) sicher/bestimmt

EXTRA

1. Angenehmes, Folgendes, Positives; **2.** Schwieriges, Unterbewusste; **3.** Neues, Wichtiges, Besseres; **4.** Gleiche, Neues; **5.** Besonderes, Falschen; **6.** Gute, Süßes; **7.** Schönes, Aktuelles

3. Für genaue Definitionen schlagen Sie bitte in einem Wörterbuch nach. Hier können nur sehr kurze Definitionen gebracht werden. **1.** Regeln für das Zusammenleben in einer Gemeinschaft, z.B. einem Staat; **2.** konkreter Fall, rechtlicher Streitfall; **3.** Information zu einem bestimmten Recht, z. B. Definition der Pflegegrade; **4.** Recht auf eine staatliche Leistung; **5.** Rechte für alle, die in einem Arbeitsverhältnis sind; **6.** Person, die die Rechte von anderen vertritt
4a. **1.** in einer konkreten Sache oder (Rechts-)Angelegenheit etwas entscheiden; **2.** nachweisen, dass eine Sache so passiert ist; **3.** sagen, dass jemand schuld ist/die Schuld hat; **4.** eine Sache beurteilen, indem man immer mehr Details kennt; **5.** von der allgemeinen Regel abweichen; **6.** Kriterien finden, damit sich eine Sache möglichst eindeutig darstellt; **7.** eine Maßnahme durchführen, die zu einem bestimmten Ziel führt
4b. **1.** Der Arzt gibt sein Urteil bezüglich des weiteren Behandlungsverlaufs ab. **2.** Frau Scholl schließt einen Vertrag mit der Pflegeeinrichtung ab. **3.** Corinna tritt ihren Dienst am 1. Juli an. **4.** Der Patient Krieger hat seine Forderung nach einem Einzelzimmer durchgesetzt. **5.** Die Angehörigen haben bei der Pflegekasse Widerspruch eingelegt.
6a. a 3; b 1; c 8; d 2; e 4; f 7; g 5; h 6

Kapitel 18 – Recht in der Pflege, Sozialsystem

2. Mögliche Lösungen: **1.** ..., wer etwas regeln soll, wenn man nicht mehr selbst entscheiden kann. **2.** ..., wie Bank- und Mietsachen geregelt werden sollen. **3.** ..., wer Betreuer werden soll und was im Pflegefall zu tun ist / ob im Pflegefall die Betreuung zu Hause oder im Pflegeheim gewünscht wird. **4.** ..., welche medizinischen Maßnahmen in einem Notfall getroffen werden sollen. **5.** ..., wird in einer Patientenverfügung erklärt.

EXTRA

1. ... darf ich im Notfall für dich keine Entscheidungen treffen. **2.** ... sonst/andernfalls können wir Ihre Wünsche im Notfall nicht berücksichtigen. **3.** ... sonst/andernfalls kann das rechtliche Konsequenzen für uns haben. **4.** ... sonst/andernfalls bekommen Sie keine finanzielle Unterstützung. **5.** ... sonst/andernfalls droht ihr Lebensgefahr. **6.** ... sonst/andernfalls reißt er sich alle Schläuche heraus. **7.** ... sonst/andernfalls wird sie sterben.

Kapitel 19 – Notfälle

1b. **1.** Kardiogener Schock; **2.** Volumenmangelschock; **3.** Anaphylaktischer Schock; **4.** Septischer Schock
2a. stabile Seitenlage; kardiogenen Schock; starker Unterkühlung; Atemnot; Wirbelsäule; Kopf, Brust- und Bauchverletzung
2b. 1. Atemnot, kardiogener Schock, Kopfverletzung (Oberkörper leicht erhöht); 2. Brustkorbverletzung; 3. Bauchverletzung; 4. Wirbelsäulenverletzung; 5. Blutvolumenmangel (Schock); 6. Schock und Bewusstlosigkeit
3. streicheln; Hand auflegen; halten; stützen/(hoch)heben; festhalten; umklammern; anschnallen/fixieren
5. **A** = Atemwege; **B** = Beatmung; **C** = Kreislaufkontrolle; **D** = neurologisches Defizit; **E** = Umgebung des Patienten
6. Mögliche Lösung: Ist der Patient nicht ansprechbar, überprüfe ich die Atmung. Einen sichtbaren Fremdkörper im Mund und Rachen entferne ich und mache dann die Atemwege frei, indem ich den Kopf nackenwärts überstrecke. Dann versuche ich, kurz den Puls zu tasten. Atmet der Patient, ist aber bewusstlos, bringe ich ihn in die stabile Seitenlage.
Dann rufe ich um Hilfe / setze einen Notruf ab.
Falls der Patient nicht selbstständig atmet und bewusstlos ist, beginne ich mit der Herzdruckmassage. Der Patient muss dazu auf einer harten Unterlage liegen. Im Wechsel führe ich die Herzdruckmassage und Beatmung durch (30:2). Sofern ein automatischer externer Defibrillator vorhanden ist (EKG-Defibrillator-Gerät), wird defibrilliert.
Ist die Atmung kontrolliert, taste ich die Pulsfrequenz und achte dabei auf die Qualität und den Rhythmus. Wenn der Patient äußerlich blutet, muss ich die Blutung durch Druck stoppen. Bei einer starken äußeren Blutung muss diese sofort durch Druck kontrolliert werden.
Anschließend kommt die Kontrolle der neurologischen Defizite, das heißt, ich überprüfe mit einer Taschenlampe die Pupillen. Bei bewusstlosen Patienten muss auch der Blutzucker kontrolliert werden.
Wenn das alles kontrolliert ist, muss ich den Patienten entkleiden, um evtl. weitere Verletzungen nicht zu übersehen, aber dabei den Patienten warm halten.

Kapitel 20 – Abschlusstest

Teil 1 – Schriftliche Prüfung		Punkte
Subtest Hören		
1. Hörverstehen 1 – Kurze Nachrichten verstehen		
	1. c	1
	2. b	1
	3. b	1
	4. a	1
	Zwischensumme Hörverstehen 1	
2. Hörverstehen 2 – Kurze Gespräche verstehen		
	5. richtig	1
	6. b	1
	7. falsch	1
	8. a	1
	9. richtig	1
	10. c	1
	11. richtig	1
	12. b	1
	13. richtig	1
	14. b	1
	Zwischensumme Hörverstehen 2	
3. Hörverstehen 3 – Spezifische Informationen verstehen		
	15. b	1
	16. b	1

Teil 1 – Schriftliche Prüfung		Punkte
	17. b	1
	18. a	1
	19. b	1
	20. a	1
	Zwischensumme Hörverstehen 3	
4. Hörverstehen 4 – Verschiedene Meinungen verstehen		
	21. f	1
	22. c	1
	23. d	1
	Zwischensumme Hörverstehen 4	
	Hörverstehen gesamt	
Subtest Lesen		
5. Leseverstehen 1 – E-Mails und Betreffzeilen verstehen		
	24. d	1
	25. f	1
	26. e	1
	27. c	1
	Zwischensumme Leseverstehen 1	
6. Leseverstehen 2 – Pflegeplanung verstehen		
	28. f	1
	29. ☒	1
	30. b	1
	31. c	1
	32. e	1
	33. ☒	1
	Zwischensumme Leseverstehen 2	
7. Leseverstehen 3 – Schriftliche Mitteilungen verstehen		
	34. b	1
	35. c	1
	36. c	1
	37. c	1
	38. a	1
	39. c	1
	Zwischensumme Leseverstehen 3	
8. Leseverstehen 4 – Relevante Informationen in formellen Texten verstehen		
	40. falsch	1
	41. falsch	1
	42. richtig	1
	Zwischensumme Leseverstehen 4	
	Leseverstehen gesamt	
Subtest Sprachbausteine		
9. Sprachbausteine 1 – Textlogik		
	43. c im	1
	44. f von	1
	45. b in	1
	46. h bei	1

Lösungen

Teil 1 – Schriftliche Prüfung		Punkte
	47. a seit	1
	48. j mit	1
	49. e warum	1
	50. i bisher	1
	Zwischensumme Sprachbausteine 1	
10. Sprachbausteine 2 – Angemessener Wortschatz		
	51. a	1
	52. b	1
	53. c	1
	54. a	1
	55. a	1
	56. b	1
	57. c	1
	58. b	1
	59. a	1
	Zwischensumme Sprachbausteine 2	
Hörverstehen, Leseverstehen, Sprachbausteine gesamt 59–43 Punkte = B2; 42–27 Punkte = B1; 26–0 Punkte = unter B1		**max. 59**
Subtest Schreiben **Achtung:** Die Prüflinge müssen nur **einen Text** schreiben, entweder einen Aufnahme- oder einen Biografiebericht. Dafür gibt es maximal 20 Punkte. 20–15 Punkte = B2; 14–7 Punkte = B1; 6–0 Punkte = unter B1		
11. Aufgabe A –Aufnahmebericht (Lösungsvorschlag) **(21 Items = Einzelpunkte)** **Frau Anna Schmitz,** geboren am **21.9.1939**, wurde heute in unser **Krankenhaus** aufgenommen. Die Aufnahme erfolgte durch **Dr. Schmidt.** Aufnahmegrund ist ein **(entgleister) Diabetes mellitus**. Frau Schmitz **misst** regelmäßig **Blutdruck** und **Blutzucker**. Dabei hat sie einen eher **niedrigen Blutdruck**, wodurch sie **leicht friert**. Zudem **leidet sie manchmal an Sauerstoffmangel** und hat **leichte Atemnot**. Sie nimmt **seit 8 Jahren regelmäßig Medikamente ein** (...), **jeweils eine Tablette vor- und eine nachmittags.** Nach der Auswertung der anstehenden Untersuchungen muss die **Dosierung eventuell angepasst** werden. Frau Schmitz ist bei der Körperpflege noch weitgehend selbstständig. Sie **badet gern mehrfach wöchentlich**. Sie benutzt gern die **Feuchtigkeitscreme Lana**. Im Moment bittet sie dabei um **Hilfe**, besonders beim **Waschen des Unterkörpers,** ebenso bei der **Fuß- und Fingernagelpflege**. Ihre **mobile Friseurin kommt auf Wunsch ins Haus**. Auch die **Fußpflegerin wird sie bei Bedarf rufen.** Ihr **Gebiss** sieht (ihre **Zähne** sehen) sehr gepflegt aus. Sie ist regelmäßig zur **Kontrolle bei Dr. Erhard**.		
12. Aufgabe B – Biografiebericht (Lösungsvorschlag) **(24 Items = Einzelpunkte)** **Herr Helmut Schulz**, geboren am **16.10.1941**, wurde heute in der **Seniorenresidenz Sonnenhöhe** aufgenommen. Das Aufnahmegespräch führte die Leiterin des Wohnbereichs, Frau **Eva Heintze**. Herr Schulz wuchs **als Einzelkind und ohne Vater auf**. Seine Mutter erzog ihn **streng katholisch** und **schickte ihn mit zehn Jahren auf ein katholisches Internat**, wo er **1960 sein Abitur** machte. Er **studierte** anschließend **von 1960 bis 1965 an der Universität in Stuttgart Physik und Mathematik**. Dort lernte er auch seine **spätere Frau Maria** kennen. Nach seinem Studium arbeitete er als **Lehrer an einem katholischen Gymnasium**. **1968 heiratete** er Maria, **1970 wurde sein Sohn Ludwig und 1973 seine Tochter Cornelia geboren**. Von **seiner Tochter** hat er **zwei Enkel im Alter von 20 und 24 Jahren. Seine Kinder leben zurzeit im Ausland.** Im Jahr **2019 verstarb seine Frau Maria an Brustkrebs.** Nach ihrem Tod **blieb** Herr Schulz allein, **beschäftigte sich viel im Garten**. Seit dem **Tod seines Hundes Gustl gi**ng Herr Schulz **kaum noch aus dem Haus**. Er macht sehr gern **Sudoku** und **liest täglich Zeitung**. Herr Schulz **leidet sehr darunter, dass er seinen Alltag nicht mehr allein bewältigen kann** und aus diesem Grund jetzt auch **sein Haus verlassen muss.**		
Schriftlich gesamt 20–15 Punkte = B 2; 14–7 Punkte = B 1; 6–0 Punkte = unter B 1		**max. 20**
Teil 2 – Mündliche Prüfung		Punkte

Teil 1 – Schriftliche Prüfung		Punkte
Subtest Sprechen Der Test enthält drei Teile. Maximal sind 100 Punkte erreichbar. 100–70 Punkte = B2; 74–35 Punkte = B1, 34–0 Punkte = unter B1		
1 A **Über Erfahrungen sprechen**		max. 5
1 B **Nachfragen zum Thema**		max. 5
2 A **Kurzvortrag zu einem Thema**		max. 15
2 B **Nachfragen zum Vortrag**		max. 5
3 **Diskussion/Pausengespräch mit Kollegen**		max. 20
	Aussprache/Intonation	max. 15
	Flüssigkeit	max. 10
	Korrektheit	max. 10
	Wortschatz	max. 15
Mündlich gesamt		**max. 100**

Um das **Niveau B2** insgesamt zu erreichen, muss man beim **Sprechen B2, in einem weiteren Teil** ebenfalls **B2** und im anderen Teil **mindestens B1** erreicht haben.
Um das **Niveau B1** zu erreichen, muss man **beim Sprechen mindestens B1** und **in einem anderen Subtest mindestens B1** erreicht haben.

ABBILDUNGNACHWEIS

SEITE 18	Fenster: Melanie Böck, Stadtbergen
SEITE 21	Fußballfeld: abavo GmbH, Buchloe
SEITE 22	Skelett: Gerda Raichle, Ulm
SEITE 23	Verdauungsapparat: Gerda Raichle, Ulm
SEITE 26	Schmerzanamnese: Gerda Raichle, Ulm
SEITE 30	Patient am Monitor: Andreas Walle, Hamburg
SEITE 40	Wortgitter: STRAIVE, Puducherry/Indien; Bilanzbogen: B. Hein, Buch am Buchrain
SEITE 48	Dekubitusstellen: Martha Kosthorst, Borken
	Dekubitusgrade: Paul Hartmann AG, Heidelberg
SEITE 49	Entstehung Dekubitus: Heike Hübner, Berlin
SEITE 50	Bewegungsförderungsplan: Heike Hübner, Berlin
SEITE 51	VAT-Positionen: Andreas Walle, Hamburg
SEITE 54	Kontaktatmung: Stefan Dangl, München
SEITE 61	Geschlechtsorgane: Gerda Raichle, Ulm
SEITE 64	PEG: Andreas Walle, Hamburg
SEITE 67	MindMaps: STRAIVE, Puducherry/Indien
SEITE 80	MNA: Nestlé Health Science SEITEA., Ave Nestlé 55, 1800 Vevey, Schweiz
SEITE 85	MindMaps: STRAIVE, Puducherry/Indien
SEITE 89	MindMaps: STRAIVE, Puducherry/Indien
SEITE 95	Gespräch: Fotolia
SEITE 100	Positionierungen: Martha Kosthorst, Borken
SEITE 114	Gespräch Arzt: Fotolia
SEITE 114	Pat. mit Rollator: colourbox.com
SEITE 115	Fotos Gespräch Pflegekraft, Kind, Sport: colourbox.com; Sprechblasen: STRAIVE, Puducherry/Indien

LÖSUNGEN

SEITE 122	Skelett: Gerda Raichle, Ulm
SEITE 125	Dekubitus: Martha Kosthorst, Borken